David Goeßmann

Sahra Wagenknecht

Von links bis heute

Das Neue Berlin

für Antje und Hannes

Inhalt

»Sie wollen Wohlstand und Ruhe. Beide aber erhält man immer in eben dem Grade leicht, in welchem das Einzelne weniger mit einander streitet. Allein was der Mensch beabsichtet und beabsichten muss, ist ganz etwas anders, es ist Mannigfaltigkeit und Thätigkeit. Nur dies giebt vielseitige und kraftvolle Charaktere, und gewiss ist noch kein Mensch tief genug gesunken, um für sich selbst Wohlstand und Glück der Grösse vorzuziehen. Wer aber für andre so raisonniret, den hat man, und nicht mit Unrecht, in Verdacht, dass er die Menschheit miskennt, und aus Menschen Maschinen machen will.«

Wilhelm von Humboldt, 1851

1. Einleitung: Wer ist Sahra Wagenknecht?

Sahra Wagenknecht hat viele Gesichter. Sie gilt als standfeste Kommunistin und Sozialistin, scharfe Kritikerin des Neoliberalismus und gefeierte Ikone der Linkspartei. Sie verteidigte die DDR nach ihrem Untergang, heute kämpft sie für die soziale Marktwirtschaft und einen »kreativen Sozialismus«. Idealistin und Realpolitikerin in einem, mischt sie die linke Szene immer wieder auf und avancierte dabei zu einer der populärsten Politikerinnen der Republik.

Auch wenn sie das politische Geschäft als Bürde wahrnimmt, geht sie voran, angetrieben von ihrem Willen, Ideen auch umzusetzen. Das Ergebnis: Aufstieg zur Fraktionsvorsitzenden der Linkspartei, häufig eingeladene Politikerin zu Fernsehtalkshows, allseits anerkannte Ökonomin mit großer Fangemeinde – fast eine halbe Million Facebook-Fans –, rund ein Dutzend publizierte Bücher, darunter Bestseller, zahllose Vorträge und Reden. Sie wird zu der ostdeutschen Spitzenpolitikerin neben Bundeskanzlerin Angela Merkel (CDU). Seit einigen Jahren ist sie verheiratet mit dem ehemaligen Vordenker der deutschen Sozialdemokratie und Mitbegründer der Linkspartei Oskar Lafontaine.

Der Erfolgsmarsch durch die Nachwende-BRD war der Ostdeutschen Wagenknecht keineswegs in die Wiege gelegt. Im Gegenteil. Das ZDF nannte die »junge Frau« 1994 einen »lebende(n) Anachronismus«. Die britische Times mutmaßte, dass die »Reformkommunisten der PDS« wohl bald »Jagd« auf die »introvertierte Studentin« machen werden, die weiter DDR und Sowjetunion verteidige. Der damalige PDS-Vorsitzende Lothar Bisky spöttelte zur selben Zeit: »Wenn die so weitermacht, wird sie sich eines Tages in die wiedererstandene Rosa Luxemburg verwandelt haben. Sie beginnt in letzter Zeit sogar schon leicht zu hinken.«[1]

Das Ende der DDR war für Sahra Wagenknecht die schlimmste Zeit ihres Lebens. Die welthistorische Tragödie schlägt in ihr Denken ein wie ein Komet. Seit dem Untergang des »ersten Sozialismus« wühlt eine einzige große Frage in ihrem Kopf: Wie konnte das bessere System gegen das schlechtere verlieren und von der Geschichte zur Seite geschoben werden?

Daraus entsteht ein spannender Kampf um politische Ordnung – in Wagenknechts Kopf wie in ihrer politischen Arbeit. Sie beginnt wie kaum eine andere in Deutschland den Todeskampf des Kapitalismus in seinem vermeintlich letzten Stadium zu analysieren. Und entwirft einen Ausweg. Ein Konzept für eine radikal neue Wirtschaftsordnung, die Wiedergeburt eines »zweiten Sozialismus« aus dem wiedervereinigten Deutschland. Eine Art soziale Marktwirtschaft Update 2.0.

Ihr politischer Optimismus scheint trotz Voranschreitens des – wie sie es nennt – vorherrschenden »Neofeudalismus« ungebrochen. Sie will verändern, den neuen Sozialismus noch selbst erleben. Und ruft als Fraktionsvorsitzende der Linken eine außerparlamentarische Oppositionsbewegung ins Leben mit dem Namen Aufstehen. Burn-Out und partieller Rückzug folgen.

Sahra Wagenknechts Denken bildet dabei immer eine intellektuelle Brücke zwischen DDR und BRD, Ost und West. Sie ist Politikerin und politische Ökonomin zugleich, vereint Sachkompetenz mit radikaler Kritik. So hält sie seit drei Jahrzehnten das Bewusstsein wach, dass der Kapitalismus am Ende ist und über eine andere, bessere Welt nachgedacht werden sollte. Sie mahnt: Wir brauchen den Systemwechsel.

Trotz aller Wandlungen, von der DDR-Sozialistin zur Verfechterin von Markt, Wettbewerb und Leistung, hat sich

Sahra Wagenknechts inneres Koordinatensystem in den letzten dreißig Jahren nicht geändert. Sie bleibt auf Kurs. Und der ist keineswegs auf Umsturz ausgerichtet, sondern auf ein eher konservatives Programm. Von Goethe und Hegel inspiriert, kämpft sie um ökonomische Ordnung und Sicherheit, Wohlstand und eine bessere Führung der Gesellschaft. Und um Reichtum mit weniger Gier, dem sich andere Werte unterzuordnen haben. Illiberale Schwingungen waren in ihrem Denken seit eh und je präsent. Im Zuge der »Flüchtlingskrise« kommen sie verstärkt an die Oberfläche.

Was verkörpert Sahra Wagenknecht? Das Buch schaut kritisch hinter die verschiedenen Gesichter des linken »Aushängeschilds«. Es liefert ein intellektuelles und politisches Profil einer streitbaren Spitzenpolitikerin und politischen Ökonomin, das wenig mit dem zu tun hat, was in der Öffentlichkeit gezeichnet wird. Es ist ein in sich gebrochenes Porträt einer reformistischen Rebellin, die um eine wohlhabende und von »klugen Köpfen« koordinierte Gesellschaft kämpft.

Zugleich werden die Quellen und Denktraditionen sichtbar, aus denen sich ihr Denken, ihre politische Ökonomie, aber auch ihr Menschen- und Gesellschaftsbild speisen. Vor dem Hintergrund von hundertfünfzig Jahren Arbeiterkampf und Sozialdemokratie, Antikapitalismus und Sozialismus erscheint Wagenknecht – wie große Teile der Linken – abgekoppelt von den ursprünglich libertären Traditionen, die den Kampf gegen den Kapitalismus bis ins 20. Jahrhundert prägten.

Dieses Buch handelt auch von Wagenknechts Wandel der letzten Jahre. Zunehmend betont sie das Nationale und die schädlichen Wirkungen der Migration, fordert mehr staatliche Sicherheit, während kulturelle Homogenität ihrer Meinung nach unerlässlich ist für jede Demokratie. Was steckt tatsächlich hinter diesen Positionierungen: ein Sinneswandel, ein Seitenwechsel gar?

Folgen wir also den Spuren einer Denkerin, die vor dreißig Jahren durch den Fall der Mauer politisch »obdachlos« wurde. Seitdem kämpft sie einen politischen Ringkampf um intellektuelle Balance. Die Frage ist: Welche Werte leiten sie dabei? Denn wie sie selbst sagt:

> »Jeder Mensch hat ein weltanschauliches Grundraster, mit dem er sich in der Welt orientiert. Die Frage ist, in welchem Maße dieses Raster den wirklichen Zusammenhängen entspricht.«[2]

2. Das Trauma

In den 1980er Jahre wuchs der Frust in der DDR, wie auch in vielen osteuropäischen Ländern und der Sowjetunion, über diverse Missstände, eine ideologisch kaum noch zu überdeckende Mangelwirtschaft, politische Gängelungen, Einschränkungen von Bürgerrechten und ein verknöchert agierendes Staatsmanagement. Das gesellschaftliche Unbehagen politisierte sich immer mehr und gipfelte Anfang 1989 schließlich in Kampagnen und Bürgerprotesten rund um die DDR-Kommunalwahlen.

Die Wahlen, die im Mai stattfanden, führten im Vorfeld zu Mobilisierungen unterschiedlicher, vor allem kirchlicher Gruppen, die dazu aufriefen, sich in den Wahlprozess stärker einzumischen. Da Oppositionelle bereits bei den letzten Wahlen Unregelmäßigkeiten und Wahlfälschungen beobachtet hatten, sollten Kontrollen in mehreren Regionen der DDR durchgeführt werden.

Der Vorsitzende der Wahlkommission Egon Krenz rief am Ende erneut eine offizielle Wahlbeteiligung von 99 Prozent aus. Dabei kamen Wahlbeobachter zu deutlich niedrigeren Werten und konstatierten in den Wahllokalen mancher Großstädte eine beträchtliche Zahl von Nein-Stimmen. Protestaktionen formierten sich hierauf, die zu Auseinandersetzungen und Verhaftungen führten. Der öffentliche Widerstand nahm zu. Ausreisewillige und Oppositionskräfte initiierten nun regelmäßig Demonstrationen, zum Beispiel auf dem Berliner Alexanderplatz.

»Offenkundig hatte sich das Drohpotential des Regimes unterhalb offener Gewaltanwendung zu einem Teil erschöpft. Zugleich gab die Wahlkontrollbewegung den

Anstoß, individuelle Unzufriedenheit und Vereinzelung zugunsten kollektiven Handelns zu überwinden. Mit der Kommunalwahl suchte das Regime Bestätigung und beförderte stattdessen seinen Untergang.«[3]

Die Grenze zu Ungarn wurde aufgrund von Reformen löchriger. 200 000 DDR-Bürger nutzten das ab Anfang Juli und flohen in den östlichen Nachbarstaat. Es wurde immer deutlicher, dass der Anfang vom Ende der Deutschen Demokratischen Republik gekommen war – jedenfalls in der Form, wie das Land über Jahrzehnte organisiert und geführt wurde. Am 18. Oktober 1989 wurde der kommunistische Widerstandskämpfer Erich Honecker, seit 1971 mächtigster Mann im Staat, zum Rücktritt gezwungen.

Zu der Zeit, als die Regierung und das DDR-System zunehmend in eine innere Krise gerieten, saß die knapp zwanzigjährige Sahra Wagenknecht allein zu Hause in ihrer Wohnung in Berlin-Prenzlauer Berg. Zum Studium hatte man sie vorerst nicht zugelassen, da sie, so das Abschlussschulzeugnis, nicht genügend Interesse »für die Belange des Kollektivs« gezeigt habe, was, wie Wagenknecht einräumt, »ja im Prinzip stimmte«.

Ihr wurde stattdessen erst einmal ein Job in der Universitätsverwaltung der Humboldt-Universität zu Berlin zugewiesen. Sie musste dort Schreibarbeiten verrichten, was sie langweilte. Daher kündigte sie bereits nach kurzer Zeit und zog sich zurück ins Privatstudium. Sie las nun tage- und nächtelang antike und Renaissancephilosophen, die Philosophen des deutschen Idealismus von Kant über Fichte bis Hegel sowie systematisch Marx und Engels. Ihre Miete betrug 40 Mark. Sie lebte anspruchslos-frugal.

Im Frühjahr 1989 bestellte sie das Neue Deutschland ab. Sie hörte weder Radio noch sah sie fern. Soziale Kontakte waren spärlich. »Und dann dieser Sommer«, heißt es später.

»Ich stürzte mich kopfüber in meine Studien, auch, weil ich, was ablief, gar nicht wahrnehmen wollte. Ich hatte wahnsinnige Angst davor, daß mein Land kaputtgehen könnte.«[4]

Von Honeckers Sturz erfuhr Sahra Wagenknecht erst zwei Tage danach. Sie beobachtete mit Schaudern, wie in den Volkskammer-Debatten die DDR »zu Grabe getragen wurde«.

»Es war ein einziges Grauen. Dann kam die Maueröffnung. Ich erfuhr von ihr per Telefon: Jemand rief mich freudetrunken an, die Grenzen seien offen – ich war erledigt für den Rest des Tages.«[5]

Erst jetzt erkannte sie in Gänze, dass die DDR am Ende war. Die Wende wurde für Wagenknecht zur traumatischen Erfahrung. »Der Herbst 1989 war, glaube ich, die schlimmste Zeit, die ich bisher erlebt habe.« Sie habe ihr Land verloren, sagt sie später, das lasse sich durch nichts aufrechnen.[6]

»Ich war nicht neugierig. Dem westdeutschen Staat gegenüber habe ich nie etwas anderes als Abneigung und Widerwillen empfunden. Nichts zog mich dahin.«[7]

Ideologische Obdachlosigkeit

Es gibt eine ganze Reihe von Aussagen Wagenknechts aus den 90er Jahren, in denen sie ihre traumatischen Erfahrungen beim Untergang der DDR und in der Wendezeit, den Verlust von Heimat und ihre intellektuelle Ratlosigkeit über das Scheitern des sozialistischen Experiments schonungslos und offen zum Thema macht. Dabei geben ihre Jahre in der DDR von außen keinerlei Anlass für eine romantische Verbundenheit mit der Heimat. Ihr ging es weniger um Liebgewonnenes oder Gewohntes, wie eine glückselige Kindheit und Jugend, die ihren Blick auf die vergangene Gesellschaftsform prägte. Sie war keine Anhängerin dessen, was später abwertend als »Ostalgie« bezeichnet wurde.

Bei Wagenknecht wurzeln der Schmerz und die Trauer über den Untergang der DDR in anderen, tieferen Schichten ihres Selbstverständnisses und entstammen nicht primär einer lebensweltlichen Verbundenheit mit dem Staat ihrer Kindheit und Jugend. Ihr persönliches und zu großen Teilen auch politisches Abgekoppelt-Sein, ihr intensives Studium von Goethe, Hegel und Marx sowie ihre geistige Freundschaft mit dem Schriftsteller Peter Hacks waren die Triebfedern einer starken Identifikation mit der Idee und historischen Mission eines sozialistischen Weltsystems.

Der Untergang der DDR ließ Wagenknecht in einer politisch-metaphysischen beziehungsweise ideologischen Heimatlosigkeit und Obdachlosigkeit zurück. Ihr geistiges und politisches Koordinatensystem verlor mit dem Fall des Eisernen Vorhangs seine Ordnung. Nun wühlte eine einzige große Frage in ihrem Kopf: Wie konnte das, was sie im Anschluss an die intellektuelle Tradition, der sie sich verpflichtet fühlte, von Goethe bis Ulbricht, wie konnte der welthistorische Widerstand gegen den Kapitalismus und der Aufbau des Sozialismus, der doch dialektisch durch sich geschichtlich entfaltende Kräfte im Sieg der Zivilisation über die Barbarei enden sollte, derart von der Geschichte in den Abgrund gespült werden? Und wie konnte es sein, dass scheinbar alle dieser Katastrophe auch noch zujubelten oder zumindest nicht bestürzt waren wie sie selbst?

Wagenknechts intellektuelle und politische Entwicklung ist durch diese innere Spannung und das damit verbundene radikale Unbehaustsein wesentlich geprägt worden: den geschichtlichen, persönlich erfahrenen Systemcrash und dessen gedankliche und politische Verwindung. Daran wächst ihr zunehmend klarer Blick auf den realexistierenden Kapitalismus, ihre detailreichen, immer auch sich der Strukturen und Institutionen bewussten Analysen ökonomischer Prozesse und das Wachhalten radikaler Veränderung.

Gleichzeitig bildet Wagenknechts politischer Kosmos eine geistig-politische Schleuse, von der DDR in die BRD, von marxistischem Denken hinüber in den kritischen Wirtschaftsdiskurs des wiedervereinigten Deutschlands, orientiert an moderner Ökonomik. Mittels einer kritischen Systemperspektive konnten ihre Analysen und ihre politischen Interventionen wie eine Art Fahrstuhl immer wieder von den Niederungen politischer Kämpfe und sozialer Reformanstrengungen hinaufgleiten in die Höhen einer revolutionären Transformation der herrschenden Wirtschaftsform.

Schaut man sich Wagenknechts Entwicklung und ihre zentralen Ideen- und politischen Kampfplätze an, dann lassen sich dabei drei intellektuelle Ebenen unterscheiden. Die erste betrifft den historischen »Krieg der Systeme«, also die Systemkonkurrenz von Sozialismus und Kapitalismus, die Wagenknechts Aufmerksamkeit vor allem in den 90er Jahren auf sich zieht. Zweitens dreht sich ihr Interesse, insbesondere im Zuge des stotternden deutschen Wachstumsmotors Ende der 90er Jahre und der Finanz- und Wirtschaftscrashs, gipfelnd in der Weltkrise 2008, immer stärker um das kapitalistische System selbst, das sich in seiner neoliberalen Ausformung in einer Art Todeskampf scheinbar selbst ausweidete. Und drittens unternahm sie den Versuch, Kapitalismuskritik jenseits von Reformpolitik zu betreiben und einen System-Ausweg anzubieten; am Anfang gefasst als eine Art Wiederbelebung des sozialistischen Experiments in verbesserter Weise, später unter dem Leitbegriff des »kreativen Sozialismus« ausbuchstabiert.

Das sind die Schichten, die sich durch Wagenknechts Gesellschaftskritik, ihre ökonomische Analysen und ihr politisches Wirken ziehen. Aber es finden auch einige Veränderungen statt. So wird Wagenknecht ihre Verteidigung der DDR korrigieren. Ihren Lebensmittelpunkt verlegt sie dabei in die hinterste Ecke der alten Bundesrepublik, ins Saarland, wo sie von nun an mit ihrem neuen Ehemann lebt.

Sie ergänzt ihre marxistische Systemanalyse durch eine gesellschaftliche Mikro- und Makroanalyse. Kommunistische Debatten treten zunehmend zurück, während Einladungen von Wirtschaftszirkeln und zu TV-Talkshows vermehrt an deren Stelle treten. Wagenknecht konzentriert sich auf Kritik an neoliberalen Auswüchsen.

Das direkte Anknüpfen an den »ersten Sozialismus« ist da schon längst passé. Nun geht es darum, einen Ausweg aus dem Kapitalismus aufzuzeigen und den Weg zu bahnen in eine anders organisierte, in eine, wie sie es nennt, sozialistische Zukunft.

Bei diesen politischen Metamorphosen Wagenknechts auf ihrem politisch-intellektuellen Weg durch die Nachwende-BRD handelt es sich nicht um einen Widerruf früherer Positionen. Es sind vielmehr die Schockwellen eines massiven Einschlags in ein Koordinatensystem, das die Wellen zu absorbieren versucht, ohne dabei zu zerreißen. Es sind Anpassungen an politische und historische Realitäten, zu weiten Teilen Korrekturen, rhetorische Anpassungen und thematische Umorientierungen, die nicht zu einer grundsätzlichen Rücknahme der intellektuellen Ideen und Haltungen dahinter führen – im Guten wie im Schlechten.

3. Krieg der Systeme

Sahra Wagenknecht ist in der Spätphase des Kalten Krieges aufgewachsen und politisch sozialisiert worden. Die globale Konfrontation zwischen Ost und West hat dabei ihre frühe politische Grundhaltung, ihr Verständnis der Welt und ihren intellektuellen Kompass maßgeblich geprägt. Die Präsenz des Systemkonflikts bei der jungen Wagenknecht zeigt, dass sie einen wesentlichen politischen Impuls nicht so sehr aus dem Kleingetriebe des politischen Alltags, sondern von der historischen und globalen Mechanik der Weltgeschichte erhalten hat.

Der Kalte Krieg bestand im Kern in der durch den »Eisernen Vorhang« kaltgestellten Frontstellung zwischen mächtigen Staatenblöcken und der gegenseitigen nuklearen Bedrohung. Auf der einen Seite die Allianz kapitalistischer Staaten, militärisch organisiert unter der NATO, angeführt von der militärischen wie ökonomischen Supermacht der USA. Auf der anderen Seite die kommunistischen Staaten, vereint unter dem Warschauer Pakt, wobei das Machtzentrum in der Sowjetunion lag. In dieser Polarisierung spielten die blockfreien Staaten und die Dritte Welt insgesamt nur mehr eine Zuschauerrolle im Kampf um Herrschaft über die ideologische und geopolitische Weltordnung.

Für Wagenknecht, gemäß ihrem schon früh angelegten Astronautenblick auf Geschichte und Politik, war es keine Frage, ob man sich in diesem Kampf neutral verhalten könne. Ein Außerhalb gab es im Krieg der Systeme für sie schlicht nicht. Ihren Platz sah sie intellektuell, politisch und persönlich gebunden an die Verteidigung des sozialistischen Experiments gegen die aggressiven Angriffe des gegnerischen, wie sie es nannte, imperialen Blocks, der mit allen Mitteln versuchte, das menschenfreundliche historische Experiment scheitern zu lassen.

In Interviews, Vorträgen, aber auch in Buchform versuchte Wagenknecht darzulegen, wie die Niederlage des aus ihrer Sicht überlegenen, besseren und sozialeren Systems nicht von innen, aus einer Art Systemfehler, sondern von außen, vom feindlichen System mit diversen antisozialistischen Strategien erwirkt worden war. Die andere Seite war am Ende skrupelloser, ausgekochter und erfolgreich darin, ein weit humaner und ökonomisch rationaler eingerichtetes Gesellschaftssystem, das unter ungünstigen Bedingungen gestartet war, niederzuringen.

So hätten die USA und die westeuropäischen Staaten zuerst versucht, durch einen offenen Frontalangriff das Sowjetsystem in den 50er Jahren aus den Angeln zu heben. Als das nicht erfolgreich gewesen sei, folgte eine »indirekte Strategie«, vor allem vorangetrieben von einem wiedererstarkten Europa. Ab den 60er Jahren sei es dem »imperialistischen Lager« nicht mehr primär darum gegangen, »bewaffnete Aufstände von unten« zu erzwingen – das sei angesichts der nuklearen Pattstellung und der Solidität der sozialistischen Regierungen auch gar keine Option mehr gewesen –, sondern langsam die kommunistischen Parteien durch ökonomische und politische Kooperationen ihres sozialistischen Charakters zu berauben und auszuhöhlen.

Den Westmächten ging es dabei um die »gezielte Förderung des Opportunismus als politischer Richtung innerhalb der kommunistischen Parteien«, eine »Sozialdemokratisierung der Inhaber der sozialistischen Macht« sowie eines Aufbaus des »konterrevolutionären Subjekts«. Im Prinzip handelte es sich um eine Art freundliche System-Übernahme beziehungsweise -Fremdsteuerung durch den Westen. Willy Brandts Ost- und Friedenspolitik zu Beginn der 70er Jahre waren Wagenknecht gleichfalls nur Versuche, durch eine politische und ökonomische Vereinnahmung das sozialistische Experiment zu stürzen – unter dem Vorwand der Aufnahme konstruktiver Gespräche und der friedlichen Kooperation. Der sowjetische Generalsekretär des Zentralkomitees Michail Gorbatschow habe dann mit der Perestroika den Prozess der »Selbstauflösung des Sozialismus« in Form einer »Gegenrevolution« vollendet und das Experiment historisch begraben.[8]

Andererseits versuchte Wagenknecht in ihren frühen Schriften den »ersten Sozialismus«, wie sie ihn nannte, vor grundsätzlicher Kritik zu immunisieren, sowohl ideell als auch in seiner Ausgestaltung, wenn auch beim letzteren Punkt mit Abstrichen. Sie betont die humaneren Grundelemente einer sozialistischen Gesellschaft: öffentliches Eigentum an den wesentlichen Produktionsmitteln, insbesondere des Industriesektors, keine Herrschaft von Profit, Kapital und Konkurrenz, sondern kollektive Organisation der Gesellschaft orientiert an Gemeinsinn, Gleichheit, Solidarität, vor allem im Kernbereich jeder Gesellschaft, der wirtschaftlichen Bereitstellung von Waren und Dienstleistungen, also der materiellen Basis.

Immer wieder stellt sie heraus, dass die DDR sozialer gewesen sei als die BRD. Sie verweist auf die diversen Leistungen des DDR-Staates für die Bürger: Öffentlicher Nah- und Fernverkehr fast zum Nulltarif, gut funktionierende Kindertagesstätten, von Betrieben organisierte Ferien für die Kinder der Betriebsangehörigen, Güterverkehr auf der Schiene, egalitäre, an deutschen Klassikern orientierte Allgemeinbildung für alle unabhängig von Klassenprivilegien, Verteilung der industriellen Produktion über das ganze Land usw.

Diese positiven Elemente in der DDR seien das Resultat der sozialistischen Ausgestaltung von Wirtschaft und Politik, so Wagenknecht. Demgegenüber seien die sozialen Wohltaten in westlichen Gesellschaften antisystemische Schutzmaßnahmen von einem an sich asozialen und ungerechten System, erwirkt vor allem in der direkten Konkurrenz mit dem sozialistischen Modell auf der Weltbühne. In einem Nachruf auf Erich Honecker schreibt Wagenknecht 1994 –und wiederholt diese Position in Interviews:

>Die DDR war das friedfertigste und menschenfreundlichste Gemeinwesen, das sich die Deutschen im Gesamt ihrer bisherigen Geschichte geschaffen haben, und es war die DDR, die den westzonal wiedererstandenen Imperialismus über vierzig Jahre daran gehindert hat, im Innern und in der Welt zu tun und zu lassen, wonach ihm gelüstete.«[9]

Dass die DDR wie die Sowjetunion ab den 70er Jahren wirtschaftlich hinter dem Westen zurückblieb, sei den weit ungünstigeren Ausgangsbedingungen geschuldet, aber auch wirtschaftspolitischen Fehlentscheidungen insbesondere unter Erich Honecker und dem sowjetischen Staatsoberhaupt Leonid Breschnew, die zu sehr auf statische Zentralplanung gesetzt und damit die Leistungsfähigkeit der sozialistischen Ökonomie beschädigt hätten.[10]

Der Untergang des Sozialismus?

Wagenknechts Verteidigung des »ersten Sozialismus« in den 90er Jahren hat ihr den Ruf einer eisernen Kommunistin eingebracht. Das führte zu hitzigen Zerreißproben innerhalb der PDS. Der Grund dafür: Die Führung unter Lothar Bisky und Gregor Gysi versuchte die Partei in die westliche Parteienlandschaft einzufügen. Dabei störte Wagenknechts Verteidigung von DDR und Sowjetsystem. Doch genau diese Provokation, gepaart mit ihren rhetorischen und analytischen Fähigkeiten, wurde in gewisser Hinsicht die Grundlage für ihre Erfolge. Sie besetzte eine intellektuelle und politische Nische. Schnell stieg sie daher trotz der Widerstände innerhalb der Parteihierarchie auf. Sie hielt hundert Vorträge in drei Jahren. Denn ihre Ansichten und ihre Analysen fanden einen Resonanzboden in linken Kreisen.

Auf dem Grund der Auseinandersetzungen innerhalb der Partei des Demokratischen Sozialismus lag die Frage, was unter dem schillernden Begriff des Sozialismus genau zu verstehen sei. Als eine elementare Basis für eine sozialistische Gesellschaft kann sicherlich das gelten, was schon Karl Marx als Ausgangspunkt betrachtete: Dass diejenigen, die in Betrieben arbeiten und Mehrwert erzeugen, auch die Produktionsmittel besitzen sollten. Die Arbeiter in einer sozialistischen Gesellschaft sollten demnach die Betriebe selbst verwalten, von unten organisieren, alle Vorgänge kontrollieren und über Investitionen und Mehrwert gemeinsam, frei und autonom entscheiden. Von dieser minimalen Basis aus könnte sich dann eine sozialistische Gesellschaft entfalten, die Freiheit und Kreativität der Menschen in allen gesellschaftlichen Bereichen befördert.

Diese Grundformel des Sozialismus ist auch kompatibel mit dem, was bürgerliche Denker wie John Dewey im 20. Jahrhundert unter »industrial democracy« verstanden haben, in scharfer Kritik der autoritär-kapitalistischen Ökonomie.

In der Sowjetunion wie in der DDR kann jedoch, gemäß dieses sozialistischen Grundverständnisses, nicht von einer Selbstorganisation der Arbeiter in Betrieben, von unten aufbauend, sowie einer Kontrolle über die gesamte Produktion gesprochen werden. Zentralplanung, Befehlsketten von oben hinunter auf die Betriebsebene, hierarchische Entscheidungsbefugnisse, von Parteifunktionären organisierte Wirtschaftsbezirke und Kombinate ermöglichten genauso wenig, wenn nicht sogar weniger Mitbestimmung der Arbeiter über die Produktion als die von Betriebsräten, gewerkschaftlichen Mitbestimmungsordnungen und Genossenschaften geprägten westdeutschen Betriebe. So schreibt die Publizistin Daniela Dahn: »In der Praxis aber durften die Werktätigen bestenfalls punktuell in die Planung eingreifen, die wesentlichen Entscheidungen konnten sie weder beeinflussen noch kontrollieren. Die fällte letztlich der Überstaatsapparat, die obersten Parteigremien.«[11]

Gleichzeitig war die Gesellschaft tatsächlich in einer Reihe von Punkten besser eingerichtet als in vielen kapitalistischen Staaten, was die soziale Daseinsversorgung und die öffentliche Infrastruktur angeht. Unterschiedliche institutionelle Einrichtungen, die Wagenknecht zu Recht hervorhebt, funktionierten sozialer und fairer im »ersten Sozialismus«. Das liegt nicht zuletzt daran, dass es keine Steuerung der Gesellschaft durch hochkonzentriertes Kapital und Profite gab. So entschied die DDR, den kompletten Güterverkehr auf die Schiene zu verlagern, während in der BRD der Straßenverkehr zunehmend unter der Masse der LKWs kollabierte. Wagenknecht weist auch immer wieder darauf hin, dass öffentliche Dienstleistungen besser funktionierten. So hätte man für 20 Pfennig den öffentlichen Nahverkehr nutzen können, während eine Bahnreise quer durch Ostdeutschland nur 20 Mark gekostet habe.

Zudem war eine öffentliche Kontrolle der großen Industrien und der Wirtschaftsproduktion insgesamt vorhanden, während die aus Märkten und Profitstreben hervorgehende Drangsalierung der ArbeiterInnen durch Konkurrenz und Managementdruck mehr oder weniger abwesend war.[12]

Auch in Hinsicht auf den wirtschaftlichen Erfolg beziehungsweise Misserfolg im Osten trifft Wagenknecht einen wichtigen Punkt, wenn sie beim Vergleich zwischen DDR und BRD auf die ökonomischen Zusammenhänge verweist. Denn in Bezug auf Wirtschaft und Wohlstand ist ein Vergleich zwischen sozialistischen und kapitalistischen

Ländern nur dann überhaupt sinnvoll, wenn die Unterschiede und historischen Bedingungen beachtet werden.

Im Westen wurde jedoch zur Norm erhoben, Unvergleichbares zu vergleichen, um immer wieder aufs Neue, in oft infantiler Unterkomplexität, zu demonstrieren, wie überlegen der Kapitalismus gewesen sei. So wurden osteuropäische Länder gegenüber westeuropäischen Ländern, die Sowjetunion gegenüber den USA in Bezug auf das Wohlstandsniveau und den Lebensstandard mit oft arroganter Überlegenheitsattitüde als zurückgeblieben und unproduktiv deklassiert. Aber die in Beziehung gesetzten Regionen hatten sich über Jahrhunderte extrem ungleich entwickelt. Wenn jemand tatsächlich Interesse daran hätte, alternative soziale und ökonomische Wege miteinander in Beziehung zu setzen, sollte er Gesellschaften heranziehen, die ähnliche Voraussetzungen vor dem Kalten Krieg hatten, also zum Beispiel Russland und Brasilien, Bulgarien und Guatemala, die DDR und Griechenland.

Brasilien und Guatemala sind auch deswegen gute und faire Vergleichspunkte, weil sie von den USA lange als Erfolgsgeschichten des Amerikanischen Weges gefeiert wurden. In solchen Gegenüberstellungen schneiden jedoch die realexistierenden sozialistischen Gesellschaften in vielen Bereichen besser ab als die kapitalistischen. Daher stehen solche Vergleiche bei den Intellektuellen, Politikern und Ökonomen in westlichen Gesellschaften weiter unter Tabu. Denn die Schlussfolgerungen könnten eine unangenehme Selbstreflexion über das Wesen des Kapitalismus auslösen.[13]

Diese Reflexion hielt Wagenknecht mit ihrem Hinweis auf die unterschiedlichen geschichtlichen Ausgangspunkte der beiden deutschen Staaten wach. Vor allem deswegen wurde sie zu einem roten Tuch für die tonangebende westdeutsche Intelligenzija.

Menschenfreundlichkeit Ost vs. West

Es ist gleichzeitig undifferenziert zu sagen, dass die DDR das menschenfreundlichste Gesellschaftssystem der deutschen Geschichte aufgebaut habe. Damit wird der grundsätzlich repressive Charakter des Staates unter dem Sowjetmodell ausgeblendet und beschönigt. Vielleicht waren in der DDR die Straßen sauber, die Städte und Betriebe ruhig und störungsfrei organisiert, die Ordnung insgesamt stärker ausbalanciert als in freieren Gesellschaften. Aber es war eine von oben durchgesetzte Friedhofsruhe, staatlich erzwungen, erkauft mit dem systematischen Ausverkauf von politischer Freiheit, Selbstbestimmung und dem offenen Austausch von Bürgern und Arbeitern. Und das war durchaus systemisch, von Anfang an im Sowjetsystem angelegt, also kein bloßer Fehler im System, wie wir noch sehen werden.

Was die Außenpolitik des Ostens angeht: Auf der internationalen Bühne war die DDR kein Akteur, schon gar kein aggressiver. Aber das war die BRD im Kalten Krieg im Prinzip auch nicht, mit einigen Einschränkungen, was Waffenexporte angeht. Andere kapitalistische Länder wie die Schweiz oder Österreich hatten ebenfalls keine aggressiven Machtinteressen jenseits ihrer Grenzen, um nationale beziehungsweise geopolitische Interessen durchzusetzen.

Der Grund dafür liegt nicht in dem jeweiligen sozialistischen oder kapitalistischen Gesellschaftsmodell, sondern in der Tatsache, dass die subordinierten Länder in den jeweiligen Systemblöcken keine international dominierende, imperiale Rolle einnehmen konnten beziehungsweise durften, den geopolitischen Machtzentren in Moskau und Washington folgend. Sie verfügten auch gar nicht über die Mittel dazu und agierten daher innerhalb einer begrenzten Machtreichweite. Sie waren Trabanten – und untergeordnete Dienstleistungsstaaten, die sich auf ihre wirtschaftlichen Stärken, ihre Zulieferfunktionen verlegten, während sie von der geopolitischen Sicherung von Einflusssphären der jeweiligen Supermächte zu profitieren suchten.[14]

Die Verbrechen im Namen des Sozialismus sowjetischer Prägung sowie die weitreichende Repression tauchen bei Wagenknecht nur am Rande auf oder wurden übergangen, relativiert und wegerklärt. Wenn überhaupt, wurden die »Fehler« heruntergekocht zu nicht-systemischen Exzessen in Verteidigung gegen ein aggressives Feindsystem, so die brutale Art, mit der die Bauern und Arbeiter Ende der 20er, Anfang der 30er Jahre in der russischen Industrialisierung verheizt wurden, Josef Stalins »Archipel Gulag« und seine eiserne Herrschaft, das antidemokratische Einparteiensystem, die »Schutzmauer« der DDR zur BRD, der Stasi-Staat, das ideologische Zensursystem oder die brutale Invasion der Sowjetunion in Afghanistan.[15]

Wagenknecht begrüßte natürlich nicht die offensichtlichen Verbrechen Stalins, auch wenn sie ihn in den ersten Jahren nach dem Fall der Mauer in Schutz nahm. Niemand bei Verstand kann derlei gutheißen. Sie überging, wie alle, die an etwas Höheres glauben, die »Schattenseiten«, marginalisierte sie oder versuchte sie aus Sachzwängen heraus zu begründen. Sie blendete in einem apologetischen Artikel Stalins Verbrechen aus und lobte stattdessen seine Politik als »prinzipientreue Fortführung der Leninschen«. Wobei Wagenknecht Lenins repressive Kaderpolitik als sozialistische Heldentat ansah.

Schließlich, auf Druck aus der PDS-Führung, distanzierte sie sich zwar von dieser direkten Apologie, stellte aber weiter fest, dass man Stalins Politik differenzieren und historisch kontextualisieren müsse. Man dürfe nicht einfach »drei Jahrzehnte sowjetischer Entwicklung« geschichtsverfälschend auf »Verbrechen und Menschenrechtsverletzungen« reduzieren.

Sie zitierte dabei den trotzkistischen Schriftsteller und Historiker Issac Deutscher als Gewährsmann, der Stalin als großen Revolutionär pries, »weil er die Idee einer fundamentalen neuen Organisation in die Tat umsetzt. Sie wird dauern, egal, was ihm persönlich und sogar dem Regime, das mit seinem Namen verknüpft ist, noch zustoßen mag. Sie wird die menschlichen Erfahrungen bereichern und sie in neue Bahnen lenken ... Aber auf seinen Erfolgen liegt der finstere Makel eines unmenschlichen Despotismus, und eben dieser mag eines Tages eine so heftige Reaktion hervorrufen, dass die Menschen vielleicht nicht recht wissen werden, wogegen sie Stellung beziehen: gegen die Tyrannei Stalins oder gegen seine fortschrittliche soziale Leistung.«

Vielleicht sollte man demgemäß anderen blutigen Diktatoren, über denen auch der »Makel eines unmenschlichen Despotismus« liegt und die in totalitären Machtsystemen gewütet haben, eine ähnliche Differenzierung und Kontextualisierung angedeihen lassen.[16]

Machtsysteme im Wettkampf

Wagenknechts Blindheit nach der Wende bestand in der unbedingten Verteidigung der Sowjetunion, des Sowjetsystems und der DDR. Dem System, anders als dem kapitalistisch-imperialen, sei es einzig um den wirtschaftlichen Aufbau eines Sozialismus unter ständiger Anfeindung von außen gegangen. Die sozialistischen Führer hätten niemals Handlungsspielräume besessen, um den Sozialismus frei zu entfalten. Das habe zu Repressionen geführt, die man sicherlich nicht gutheißen könne.

Aber das autoritäre Sowjet- und DDR-System hatte im Kern nichts zu tun mit der feindlichen Einstellung des gegnerischen Systems. Das gleiche gilt für den westlichen Machtblock. Auf beiden Seiten wurde ein ideologischer Krieg gegen das jeweils andere System geführt und die vermeintliche Gefahr, die vom anderen ausgehe, propagandistisch genutzt, um den eigenen, repressiven und aggressiven Kurs zu rechtfertigen.

Im Westen hieß es daher immer wieder: Die Russen kommen, der Kommunismus mit seiner eisernen Faust ist auf dem Vormarsch. So konnte Westeuropa atomar aufgerüstet, Indochina mit mehreren Millionen unschuldig Getöteten in die Steinzeit zurückgebombt, in Lateinamerika Diktaturen und autoritäre Regime aufgebaut, Nicaragua mit Bombenterror überzogen, das US-Militärbudget in astronomische Höhen gepumpt werden.

All diese Horrorakte, geopolitischen Verwüstungen und aggressiven Sicherungen von Einflusssphären wurden mit oft abstrusen Realitätskonstruktionen auf die Treppenstufen des Kremls abgelegt. Dabei sah niemand in der Sowjetunion eine ernsthafte militärische Gefahr. Nichtsdestotrotz wurde ideologisch jeder Widerstand gegen US-Interessen, von der westlichen Hemisphäre bis nach Südostasien, als militärische Bedrohung des gegnerischen Blocks ausgegeben. Dabei standen die Aggressionsakte der USA in keinem Zusammenhang mit einem kommunistischen Angriff, gegen den die Menschen geschützt werden sollten.

Auch im Westen konnte Kritik an der herrschenden Politik denunziert, verfolgt und ausgemerzt werden. So beschwor die politische Klasse in den USA und in europäischen Staaten beständig eine kommunistische Infiltration mit »Red Scare«-Kampagnen, um unter dem Schutzmantel »nationaler Sicherheit« Bürgerbewegungen sowie nationale Befreiungsversuche weltweit niederzuschlagen. Letztlich ging es darum, die eigene Bevölkerung wie die »befreundeter Staaten« zu kontrollieren. Beispielsweise infiltrierte der US-Geheimdienst CIA in den 70er Jahren mit dem COINTELPRO Programm (»Counterintelligence Program«) politische Gruppierungen. Das repressive Vorgehen der USA nicht nur im eigenen Land, sondern auf der ganzen

Welt wurde von den liberalen Eliten als Reaktion auf die Aggression des anderen Systems präsentiert.[17]

Die Situation lieferte die perfekte Rechtfertigung für die jeweilige Systemseite, um die eigenen verbrecherischen Taten sowie die Stärkung von Privilegien und konzentrierte Staatsmacht zu legitimieren. Das galt auch für den Sowjetblock. Der Gulag, andere diverse Formen der Repression, die zentralistische Staatsmacht, ideologische Zensur und Indoktrination, der Eiserne Vorhang, die militärische Niederschlagung von Gegenbewegungen und die Repressionsakte Moskaus in den Satellitenstaaten: All das wurde subsumiert und mit einem Blankoscheck gerechtfertigt unter dem Slogan »Schutz des Sozialismus vor dem übermächtigen und skrupellosen Kapitalismus auf dem Vormarsch«.

Trotz gegen Siegertaumel am »Ende der Geschichte«

Wagenknecht räumte später ein, dass ihre Einschätzungen und Auslassungen missverständlich und mithin das Resultat von Trotz gewesen seien, kurz, ein Zeugnis der Unreife[18] – auch wenn sie weiter daran festhielt, dass die Umstände für den Aufbau des »Sozialismus« ungünstig gewesen seien.

Ihr Trotz war zudem in gewissem Sinne berechtigt. Denn im historischen Siegestaumel nach der Wende herrschte eine Haltung vor, jegliche Kritik an der Funktionsweise kapitalistischer Staaten und der globalen Dominanzbestrebung des westlichen Bündnisses unter Führung der USA als absurd und weltfremd in den Orkus zu werfen. Von der westlichen Elite wurde apodiktisch das »Ende der Geschichte« erklärt und der Sieg der Vernunft über die Knechtschaft des Menschen im »Sozialismus« gefeiert. Die kapitalistische Weltordnung, die auf Markt, Konkurrenz und Profit aufbauende Gesellschaft, hatte nicht nur gesiegt, sondern auch zu Recht gesiegt.

Beim Sich-auf-die-Schultern-Klopfen des Westens übersah man jedoch geflissentlich die eigenen Fehler. Zum Beispiel wurden in der Nachkriegszeit Familiendynastien wie die des Stahlgiganten Krupp, die mit den Nazis kollaboriert und an der Kriegswirtschaft sowie Zwangsarbeit massiv verdient hatten, in der BRD rehabilitiert und erhielten ihr Vermögen und ihr Unternehmen zurück. Nazis wurden in zentrale Institutionen der BRD übernommen, anders in der DDR, während die Eliten im Westen damals kollektiv wegschauten. Nach der Wende wurde dann jeder inoffizielle Mitarbeiter der DDR-Staatssicherheit in hysterischen Hexenjagden denunziert. Historisch differenzierende Vergleiche, die eine ehrliche Bestandsaufnahme des siegreichen politisch-ökonomischen Systems initiiert hätten, gab es nicht. Der Fokus der öffentlichen Debatte fiel ausschließlich auf das Inhumane des untergangenen Systems.

Dagegen rebellierte Sahra Wagenknecht. Denn, wie sie richtig hervorhob, es wurden auch im Westen Andersdenkende verfolgt, Berufsverbote verhängt, antikapitalistische, soziale und Friedensproteste vom Staat attackiert sowie von den Massenmedien denunziert. Mancher vergaß plötzlich, wie die westdeutschen Staatsapparate – in Gang gesetzt von Regierung und Parlament, mit breiter Unterstützung der Medien und der Eliten – auf die 68er-Proteste reagiert hatten. Politische Dissidenten wurden angefeindet, kriminalisiert oder an den Rand gedrängt, während die staatlichen Sicherheitsbefugnisse zur Kontrolle der Bevölkerung weiter ausgebaut wurden. So konnten durch die Notstandsgesetze von 1968 weitreichende Abhör- und Überwachungsmöglichkeiten gegen die Bevölkerung legalisiert werden.[19]

Gemäß dem allgemein geteilten Narrativ der Nachwendezeit erschien aber nur die Gegenseite als repressiv, ideologisiert und aggressiv und fiel damit exklusiv unter das Label »Unrechtsstaat«. Daran hat sich bis heute wenig geändert.

Großzügig ausgeblendet wurden die zahlreichen, in der Dimension weit größeren Kriegsverbrechen der USA mit Unterstützung der NATO-Staaten von Südostasien bis Lateinamerika – gemäß der imperial ausgerichteten »Grand Area Strategy«, die seit dem Zweiten Weltkrieg die leitende Doktrin Washingtons, des US-Außenministeriums und des Pentagon ist und zu tausenden Militärstützpunkten auf der ganzen Welt, einem Netz von oft extrem autoritär agierenden Vasallenstaaten insbesondere in ressourcenreichen und marktgünstigen Regionen der Welt führte.[20]

Im Vergleich dazu wirkt der militärische Ausflug der Sowjetunion über ihren Einflussbereich hinaus eher hilflos. Der Ostblock verfügte schlicht nicht über die nötige Machtreichweite und war auch gar nicht in der Lage, imperiale Ansprüche geltend zu machen. Der zehnjährige Afghanistankrieg und die blutige Besatzung des Landes bedeutete dann auch das Ende des sowjetischen Machtblocks.

So richtig also der Impuls für die einseitige Empörung über Unrecht, Unterdrückung und Aggression war, so fehlgeleitet ist jedoch Wagenknechts Versuch, die ungerecht behandelte Gegenseite aus der Schusslinie zu bringen.

Bevölkerungskontrolle, westlich bis sowjetisch

Sicherlich befanden sich die beiden Supermächte im Kalten Krieg an unterschiedlichen Punkten in Bezug auf gesellschaftliche Freiheiten und Demokratie. Aber sie teilten in ihren Machtsystemen eine Gemeinsamkeit: das Bestreben, ihre Bevölkerung unter Kontrolle zu bringen.

In der Sowjetunion erledigte diese Aufgabe das militärisch-bürokratische Netzwerk, begründet von den bolschewistischen Revolutionären Wladimir Lenin und Leo Trotzki, als die beiden in der Oktoberrevolution 1917 die Herrschaft an sich zogen, um umgehend dazu überzugehen, alle sozialistischen oder sonst gearteten gesellschaftlichen Bewegungen an der Basis zu zerschlagen. In den USA erledigte die Aufgabe ein industriell-finanziell-kommerziell ausgestalteter Sektor, extrem konzentriert und intern vernetzt, zudem hochgradig klassenbewusst sowie zunehmend transnational organisiert.

Schauen wir uns das Sowjetsystem in dieser Hinsicht an. Die Machtübernahme der Bolschewisten beziehungsweise ihr Coup wurde umgehend von Sozialisten als das angesehen, was er war: ein Angriff auf den Sozialismus. Folgerichtig beteiligte sich Moskau in den 30er Jahren militärisch an der Niederschlagung der anarchistischen Arbeiter- und Bauern-Selbstverwaltung in Spanien.

Die Ansicht, dass mit der russischen Revolution unter Lenins Kader-Führung keineswegs eine sozialistische Gesellschaft aufgebaut werde, vertrat und kritisierte dann auch ein großer Teil der Linken, darunter führende Intellektuelle, die von prominenten Vordenkern der marxistischen Linken wie Anton Pannekoek, Rosa Luxemburg und anderen bis zu unabhängigen Sozialisten wie Bertrand Russell reichten. Natürlich wurde diese Ansicht auch von libertären und anarchistischen Linken geteilt.[21]

Im damals noch dominierenden Marxismus, stark libertär ausgerichtet – Lenin erwies dieser Strömung mit seiner Schrift »Staat und Revolution« die Ehre, wenn auch nur in Worten –, wurde die Auflösung der Selbstverwaltung, die Zerschlagung bäuerlicher Kollektive im Zuge der Machtübernahme scharf zurückgewiesen. Karl Marx selbst hätte die Kritik an Lenins Kurs wohl geteilt. So forschte der späte Marx über die bäuerliche Lebensweise in Russland und sah in ihr revolutionäre Potentiale schlummern. Lenin würgte sie unerbittlich ab.[22]

Über achtzig Jahre nach der russischen Machtübernahme und dem Aufbau des Sowjetsystems nimmt Wagenknecht die gegenrevolutionäre Machtübernahme und Lenins autoritären Kurs Richtung Sowjetsystem, inklusive Zentralisierung und repressiver Bürokratie, in Schutz: »Lenin war außerordentlich realistisch«, heißt es. Zwar habe er gegen seine ursprünglichen Intentionen, wie sie in »Staat und Revolution« abgefasst wurden, gehandelt. »Aber er hat seine Positionen korrigiert, weil er sah, daß es keinen anderen Weg gab.«[23]

Gut möglich, dass Lenin und Trotzki das genauso sahen und ihnen klar war, was sie taten. Jedenfalls wurde die realpolitische Interpretation der Ereignisse, bei der eherne Sachzwänge Lenins Vorgehen bestimmten, die marxistische Standarderklärung für den Aufbau des repressiven Sowjetsystems. In der russischen Revolution sei es schlicht um die Schaffung eines ersten revolutionären Pfeilers gegangen, eines sozialistischen Vorpostens, bis die wirkliche Revolution in einem entwickelten kapitalistischen Zentrum wie Deutschland stattfinden könne.

Die Erben der Bolschewistischen Revolution sahen im Sowjetsystem schließlich den Inbegriff von Demokratie und Sozialismus. Die Reaktion im Westen auf dieses Selbstverständnis ist aufschlussreich. Der Demokratieanspruch wurde als reine Ideologie und als Beleg für Indoktrination abgetan. In Hinsicht auf den Sozialismus-Anspruch war man sich jedoch mit dem gegnerischen Propagandasystem vollkommen einig, dass es sich bei dem Sowjetsystem tatsächlich um eine sozialistische Gesellschaft gehandelt habe.

Die Gründe für diese geteilte Sichtweise waren auf beiden Seiten diametral verschieden. Während die Parteikader im Osten den moralischen Wert des Sozialismusbegriffs und die enorme Strahlkraft, die er auf Arbeiterinnen und Arbeitern ausübte, instrumentell und für die Ideologieproduktion nutzten, im Wesentlichen für Bevölkerungskontrolle, zielte die westliche Meinungsmache darauf, Sozialismus als Gesellschaftsform ein für alle Mal mit dem Hinweis auf das repressive Sowjetsystem zu diskreditieren. Sich gegen die gemeinsame Interpretationslinie der beiden mächtigsten globalen Propagandaapparate zu wehren ist naturgemäß nicht leicht. Und daher drang sie auch tief in linke Debatten ein: Das Sowjet- beziehungsweise DDR-System war prinzipiell sozialistisch ausgerichtet, auch wenn es unter den gegebenen Umständen nicht perfekt umgesetzt werden konnte.

Wagenknechts sozialistische Trauer

Wenn man diese Annahme über die DDR und die Sowjetunion teilt, und Wagenknecht tat das, dann bedeutet das historische Ende des realexistierenden Sozialismus tatsächlich den Untergang einer Ära, das Ende eines Versuchs, eine Gesellschaft nach sozialistischen Prinzipien aufzubauen. Wagenknecht betrauerte demgemäß mit dem geschichtlichen Untergang zugleich den Untergang des Sozialismus an sich beziehungsweise des sozialistischen Kraftzentrums in der Geschichte.

Aber diese Annahme gehört auf den Prüfstand, auf dem sie schnell zusammenbricht. Genauso abstrus wäre es zu klagen, dass mit Untergang der Sowjetunion und ihrer Satellitenstaaten, gemäß dem demokratischen Selbstverständnis des realexistierenden Sozialismus, die Demokratie untergegangen sei. Das Gleiche gilt für die BRD, bei deren Untergang ja auch nicht Demokratie, Humanität und westliche Zivilisation untergingen. Natürlich auch nicht die Marktwirtschaft, die, wie Wagenknecht in ihren Analysen zu Recht immer wieder freilegt, im finanzialisierten, globalisierten und neoliberal entsicherten Kapitalismus systematisch mit Füßen getreten wird.

Wagenknechts Trauer galt im Kern also nicht dem Sozialismus, sondern einer staatssozialistischen, relativ repressiven Gesellschaftsform, die im Kern antidemokratisch organisiert war, von der politischen über die ideologische bis in die ökonomische Sphäre. Dabei ist ihr Blick zurück auf die DDR und das »erste sozialistische Experiment« in den 90er Jahren in einer Reihe von ideologischen Annahmen gefangen, die im Wesentlichen der dominanten marxistischen Tradition und der offiziellen sozialistischen Staatsdoktrin folgten, wenn sie sich im Einzelnen durchaus kritisch gegenüber Fehlern und Fehlentwicklungen äußerte.

Ihre Sicht auf den Krieg der Systeme und die Verteidigung des repressiven Sowjetsystems war aber nicht bloße Trotzreaktion, sondern tangiert grundsätzliche Problemzonen in ihrem geistigen Koordinatensystem, auf die wir noch zurückkommen. Sie hielt trotz einer grundlegend anderen Bewertung der Verbrechen des »ersten Sozialismus«, weiter an Lenin und den Bolschewisten fest, die die kapitalistische Barbarei überwinden konnten, auch wenn es »nicht gelang, den Aufbau rechtsstaatlicher Sicherungen gegen Willkür und Staatsgewalt wie auch die Garantie fundamentaler Menschenrechte zu organisieren«. So Wagenknechts Stellungnahme als Linken-Fraktionsvorsitzende zum 100. Jahrestag der russischen Oktoberrevolution 2017. Als ob Freiheit und Demokratie für die Bolschewisten jemals ein Ziel gewesen wären.[24]

Aus Wagenknechts Perspektive wurde die welthistorische Dialektik, mit der sich der Sozialismus quasi naturgemäß ausbreiten und die Welt erobern sollte, fast widerlogisch ausgehebelt. Der Hegelsche Geist der Geschichte, den der orthodoxe Marxismus als Fortschrittstreiber in sich aufgesogen hatte – wenn auch materialistisch gewendet –, schien sich von seinem Ideal entfernt zu haben und in die kapitalistische Hölle zurückgekehrt zu sein. Die Sünden des »menschenfreundlichsten Systems«, das die Welt jemals gesehen hatte, kamen nun auf den Tisch. Sie wurden vom siegreichen kapitalistischen System vor ein Welttribunal gezerrt und mussten erklärt werden. Von allen Seiten wurde der Sozialismus in Frage gestellt und schließlich auf den Müllhaufen der Geschichte geworfen.

4. Kapitalismus im Todeskampf

Aus dem Schock des Untergangs des »ersten Sozialismus« zog Wagenknecht eine Lehre: Eine sozialistische Gesellschaft muss wie die kapitalistische zuallererst Wohlstand schaffen. Ein unproduktiver Sozialismus, der seinen Bürgern das nicht bieten kann, also einen maximal hohen Lebensstandard, ist über kurz oder lang dem Tode geweiht.

Vor diesem Hintergrund beginnt sie den Kapitalismus in seiner gegenwärtigen Dynamik zu analysieren. Sie konzentriert sich dabei vor allem darauf zu zeigen, dass sein Versprechen in den reichen Industriestaaten, Wohlstand für alle zu produzieren, nicht (mehr) eingelöst werde. Der Kapitalismus habe seinen Vorteil gegenüber dem Sozialismus eingebüßt.

Es lassen sich dabei zwei Phasen unterscheiden. In den 90er Jahren, vor allem in der ersten Hälfte, als Wagenknecht noch auf eine Rückkehr eines reformierten DDR-Sozialismus hoffte, war ihre Kapitalismuskritik noch stark an marxistische Interpretationsmuster gebunden. Der Kapitalismus erschien darin als ein relativ starres und reformresistentes System, das mit inneren Widersprüchen zu kämpfen habe. Auch eine Regierungsbeteiligung sei nicht sinnvoll, da über diesen Weg das kapitalistische Ausbeutungssystem nicht aufgehoben werden könne. Darum gehe es aber letztlich, so Wagenknecht. Eine sozialistische Partei müsse daher aus der Opposition heraus Kritik üben, Widerstand mobilisieren und den Sozialismus als Alternative wachhalten.

In dieser Zeit betonte sie die »Machtlosigkeit« der »herrschenden Politik«, zum Beispiel gegenüber einer Deflation, die den »Irrwitz der kapitalistischen Verwertungsmaschinerie« deutlicher als kaum ein anderes ökonomisches Phänomen offenbare.[25]

Wagenknecht ändert jedoch diese Haltung Stück für Stück. Je utopischer die Wiedererlangung eines reformierten DDR-Sozialismus ab der Jahrhundertwende erschien, umso mehr tritt an die Stelle marxistischen Vokabulars moderne Ökonomik. Von nun an beleuchtet Wagenknecht in Mikro- und Makroanalysen und immer neuen Anläufen den Todeskampf des Kapitalismus in seinem scheinbar finalen Stadium. Sie zeigt dabei, auf welche Weise eine hochentwickelte Volkswirtschaft wie die in Deutschland unter dem Druck von monopolisierten Konzernen, eines transnationalen Großkapitals und globaler Renditejagd immer weniger leistungsfähig, innovativ und produktiv werde und begänne, sich selbst neoliberal auszuweiden. Zugleich drohten durch das ständige Zerplatzen von künstlich erzeugten Finanzblasen auch die reichen Industriestaaten in den Abgrund gezogen zu werden. Gleichzeitig ist sie mehr und mehr davon überzeugt, dass Reformen durchaus möglich und sinnvoll seien, um die Situation zu stabilisieren und soziale Verbesserungen zu erwirken.

Der Kampf gegen den neoliberalen Reformwind

Schon früh wird eine Stärke von Sahra Wagenknecht deutlich: die Entlarvung und Widerlegung der neoliberalen Wirtschaftsmythen. Ein Beispiel dafür ist ein 160-seitiges Interview des französischen Wirtschaftskorrespondenten Pierre Curieux mit ihr. Das Interview fand 1998 statt, also zu einer Zeit, als sich in Großbritannien »New Labour« unter dem Premierminister Tony Blair aufmachte, das Erbe Margaret Thatchers in die linke Politik einzuführen, während in Deutschland die rot-grüne Regierung unter Bundeskanzler

Gerhard Schröder (SPD) dem britischen Vorbild nachzueifern begann.

Pierre Curieux versucht Wagenknecht im Interview in die Enge zu treiben und konfrontiert sie immer wieder mit ökonomischen »Tatsachen«, Sachzwängen und »Gesetzen«, um die Notwendigkeit von »Reformen« und Liberalisierungen herauszustellen. Nur mit mehr »Freiheit« und weniger Anspruchsdenken der Menschen könne die Wirtschaft wieder auf Trab gebracht und Massenarbeitslosigkeit bekämpft werden.

Doch die damals 28-jährige Wagenknecht knickt nicht nur nicht ein, sondern entlarvt die Argumente als realitätsferne Ideologeme. Darunter die These von den zu hohen Löhnen in Deutschland und dem unerbittlichen Existenzkampf der Unternehmen; die Trickle-Down-Theorie, nach der von Regulierungen befreite Konzerne ihre Gewinne an die Arbeiter weitergäben; der Zwang zum Sparen; die Legende vom schröpfenden Staat, der mit zu hohen Steuern und Abgaben schuld an einer Wirtschaftsmisere sei; die Notwendigkeit, «Sozialtransfers« zu senken, um Arbeit zu schaffen; der Missbrauch von Sozialleistungen; der demografische Faktor, der der umlagefinanzierten Rente ein Ende setze, oder das Loblied auf die wirtschaftliche Leistungsfähigkeit sowie die Risikobereitschaft von Unternehmen, die ohne Profite ausbleiben würden.

Das Interview ist ein Lehrbeispiel für Aufklärung. Es zeigt, wie Sahra Wagenknecht schon früh fähig war, die neoliberale Rhetorik auseinanderzunehmen. Sie weist zu Recht darauf hin, dass die Löhne seit Mitte der 70er Jahre weit unterhalb der Produktivitätsentwicklung stagnierten. Der wachsende Mehrwert in Unternehmen würde keineswegs an die Beschäftigten weitergereicht. Die Lohnquote sei so gering wie noch nie in der Geschichte der Bundesrepublik. Während im Sozialen gespart würde, erhielten die Konzerne weiter enorme Subventionen und Steuererleichterungen. Die Lohnsteuer habe sich seit 1960 verdreifacht. Demgegenüber gingen die Gewinnsteuern seit Jahren nach unten, obwohl sich die Gewinne der Unternehmen auf Rekordniveau befänden. Trotz der Profite würde aber von den »Arbeitgebern« keine Arbeit geschaffen, sondern im Gegenteil, es würden Arbeitsplätze abgebaut. Was den Sozialmissbrauch angehe, so zeigten Untersuchungen, dass auf 100 Sozialhilfeempfänger schätzungsweise 110 »verdeckte« Arme kämen, die aus Scham keine Leistungen in Anspruch nähmen. Und schließlich sei die veränderte Alterspyramide keine Bedrohung für die umlagefinanzierte, staatlich garantierte Rente. Denn das Problem sei nicht, dass es zu wenig Menschen im arbeitsfähigen Alter gäbe, sondern dass aufgrund der Umverteilung von unten nach oben immer weniger Menschen eine sozialversicherungspflichtige Beschäftigung erhielten.[26]

Nach rund dreißig Seiten hat der Wirtschaftsjournalist Curieux sein ganzes Arsenal verschossen und muss die Segel streichen. Ihm sind förmlich alle Argumente für die neoliberale »Reformluft« ausgegangen. Zwanzig Jahre später sagt Wagenknecht in Bezug auf ihre Rolle bei TV-Talkshows zu Recht:

> »Bei Fragen der Wirtschafts- und Sozialpolitik kann ich im Großen und Ganzen davon ausgehen, dass da keiner sitzt, der sich wesentlich besser auskennt als ich, Details ausgenommen. ... Ich will mich in meiner Argumentation sicher fühlen«.[27]

Die Phase des »goldenen Zeitalters des Kapitalismus« bis in die frühen 70er Jahre betrachtete sie als Ausnahme. In dieser Zeit hätten spezifische historische Bedingungen geherrscht, die Wachstum und Erfindergeist beförderten und eine Wohlstandsbasis für viele schaffen konnten, allerdings nur in den Industriestaaten. Zugleich zügelte der realexistierende

Sozialismus im »Krieg der Systeme« den Kapitalismus und zwang ihm soziale Zugeständnisse auf. Zwanzig Jahre später wird Wagenknecht mit ihrer politischen Ökonomie und ihrem »kreativen Sozialismus« an diese Phase anschließen.[28]

Die Selbstausweidung des Kapitalismus

Wagenknecht entwirft das Panorama eines Kapitalismus im Todeskampf. An der stagnierenden deutschen Wirtschaft zeigt sie in ihren Untersuchungen immer wieder, wie die kapitalistische Ökonomie den Rückwärtsgang eingelegt habe, daher nicht mehr so leistungsfähig sei wie zuvor und durch den Druck des transnationalen Großkapitals und der zunehmenden Finanzialisierung der Wertschöpfung förmlich ausgepresst werde.

Der Grund dafür liege in inneren Widersprüchen. Nach dem Boom sei für das Kapital in den 70er Jahren das Problem der mangelnden Nachfrage wieder auf die Tagesordnung gekommen, während es bis dahin über eine Keynesianische Politik, – die wisse, »dass Mehrwert nicht nur produziert, sondern auch realisiert werden muss« durch Konsum, damit »Ausbeutung sich lohnt« –, in Schach gehalten wurde.[29] Nun versuchten die Industriestaaten über eine neoliberale Politik mit Lohndumping, Einschränkungen von Sozialabgaben (Umverteilung von unten nach oben), Krediten an die Staaten und privaten Haushalte (künstliche Schaffung von Nachfrage) und finanziellen Luftbuchungen (durch Ausweitung der Finanzindustrie, die das »Profitstück« aufblähen soll), Gewinne jenseits der fehlenden, sich selbst tragenden Wirtschaftsdynamik zu generieren.[30] Mit dem Ergebnis:

»Wie ein nimmersattes Reptil frisst das globale Großkapital sich durch die Lebensfasern der menschlichen

Gesellschaft, zerstört soziale Netze, Sicherheit und Zusammenhalt.«

Dieser »Exzess«, die »aberwitzige Übertreibung«, sei jedoch kein »Fauxpas, sondern der Normalzustand«, das innerste Ziel der kapitalistischen Ökonomie.[31] Der Staat werde dabei keineswegs, wie immer propagiert, abgebaut, sondern vielmehr umfunktioniert: Er werde weniger Sozialstaat und mehr Subventions- und Steuerreduktionsmaschine für Unternehmen und das Kapital. Unter den Konzerngiganten, die Monopole erzeugten, gäbe es zudem längst keine Konkurrenz mehr. So türme sich ein enormes »immer weiter wachsendes Vermögensgebäude« über einer »stagnierenden Produktionsbasis« in ständiger Gefahr der Entwertung auf.[32]

> »Der Geldkrug kreiste schneller und schneller, die Stimmung wurde hitziger, die Party wilder und hemmungsloser, der freudige Taumel zum Exzess – und hungrig vom großen Fressen merkten sie nicht, wie sie wieder einmal just jene Goldesel, einen nach dem anderen, schlachteten und verzehrten, denen allein sie ihre Dukaten zu danken hatten.«[33]

Das schrieb Sahra Wagenknecht bereits 2003, fünf Jahre vor der Weltfinanzkrise, als die Wirtschaftspresse und das politische Establishment die Deregulierung von Arbeits- und Finanzwelt als Befreiung aus ehernen Ketten priesen. Wagenknecht wie andere Kritiker sollten Recht behalten.

2008 analysierte sie im Buch »Wahnsinn mit Methode« en détail, wie der Geldkrug im großen Crash schließlich zerbrach und die Kosten auf die Steuerzahler, den Staat geschoben wurden. Mit fatalen Folgen. Denn der Inhalt des Geldkrugs habe sich über die Jahre in toxischen »Geldschaum« verwandelt, ein gigantisches globales Finanzvermögen von 167 Billionen Dollar bei gleichzeitig extrem hoher Liquidität in den Händen von wenigen Superreichen. Durch einen Mix aus Deregulierung der Finanz-, Kapital- und Währungsmärkte, dem Aufstieg von transnationalen »systemrelevanten« Privatbanken, einem Finanzdschungel, in dem Werte und Risiken immer undurchsichtiger und komplexer verschachtelt würden sowie einem riesigen Schneeballsystem, in dem neue Kredite die Zinsen und die Tilgung alter Kredite finanzierten (die sogenannte Ponzi-Finanzierung), sei schließlich eine gigantische Blase entstanden. Als die »Billig-Hypotheken«, »subprime mortgages« von überschuldeten Privathaushalten in den USA, 2007 in größerer Dimension nicht mehr bedient werden konnten, brach das Kartenhaus zusammen.

Ursache dafür war: Hinter den Massenkrediten steckten keine Werte. Das zwang die US-Regierung, ein Rettungspaket über 700 Milliarden Dollar für Finanzinstitute wie AIG zu schnüren. Europa zog nach mit Rettungsfonds und Garantieerklärungen von über zwei Billionen Euro. Das, was Kritiker als Standardmodus des Kapitalismus bezeichnen – nämlich dass Gewinne privatisiert, aber Verluste sozialisiert würden –, geriet 2008 für jeden sichtbar an die Oberfläche. Kleinlaut gaben Banker und die politische Klasse zu, vielleicht doch einige Risiken unterbewertet zu haben.

Wagenknecht schaute jedoch hinter die Krisenmechanik auf die tatsächlichen Treiber und Hintergründe der Crashs. Der Grund für die Weltfinanzkrise seien nämlich nicht skrupellose Spekulanten, wie immer suggeriert, sondern ein Wirtschaftssystem, das ausschließlich auf maximalen Renditen aufbaue.[34]

Ein schleichender Erosionsprozess habe stattgefunden. Zuerst seien die Regulierungen der Wall Street in den USA umgangen worden, indem das Kapital auf den Eurogeldmarkt in London ausgewichen sei. Das habe in den 70er Jahren schließlich zum Ende der Kapitalverkehrskontrollen und des stabilen Währungs- und Wechselkurssystems, dem Bretton-Woods-System, sowie der US-Trennbanken-Vorschriften (Glass-Steagall Act), die Geschäftsbanken von Investmentbanken trennen, geführt. So konnte die Finanzspekulation von allen »Fesseln« befreit werden und global fast uneingeschränkt agieren.

Die spekulativen Geschäfte explodierten daraufhin, wie Wagenknecht zeigt, da sie – anders als bei der Produktion von Gütern – nicht durch reale Nachfrage und Konsum korrigiert würden. Die Folge war: Die Dimension der Finanzmärkte übertraf die der Realwirtschaft. Es entstanden gigantische virtuelle Vermögen. Künstlich angeheizt, stiegen sie zwischen 1980 und 2006 um das Vierzehnfache an. Die weltweite Verschuldung wuchs demgegenüber im Zuge des aufgeblähten globalen Kreditmarkts fünf Mal schneller als die Weltwirtschaft. Die Zinsen belasteten dabei vor allem die Entwicklungsländer, die tief in die Schuldenfalle gerieten und mit neoliberaler Marktöffnung durch den Schuldenhebel des Internationalen Währungsfonds drangsaliert wurden.[35]

Zur Machtlosigkeit sozialer Reformen

Was die Reformpolitik angeht, ist Wagenknecht bis zur Jahrhundertwende eher skeptisch. Lange Zeit hatte sie die Machtlosigkeit der Staaten gegenüber dem globalen Geldkapital betont, das bei staatlichen Regulierungsmaßnahmen mit Kapitalentzug drohen könne. Das Nachfrageproblem werde zudem nicht durch eine »expansive staatliche Ausgabenpolitik« gelöst, da es über Kredite finanziert werde, die mit Zinsen zurückgezahlt werden müssten (»deficit spending«). Das Problem werde damit nur aufgeschoben, während die an Krediten verdienten, die gleichzeitig kaum mehr Steuern bezahlten.

Also bleibe nur, die »Kredite« zu streichen und die Steuern für die Unternehmen und Vermögenden zu erhöhen. Aber durch die gewachsene Macht des transnationalen Großkapitals sei die staatliche Steuerschraube zahnlos geworden oder werde boykottiert. So bezeichnet sie die Ende der 90er Jahre von dem US-Ökonomen James Tobin eingebrachte und von globalisierungskritischen Bewegungen geforderte »Tobin Tax« – eine Devisenumsatzsteuer, um die kurzfristige Spekulation auf Währungsschwankungen zu minimieren – als »Sandkastenspiele«. Die global hin und her wogenden Billionen Dollar ließen sich davon nicht beeindrucken.[36]

Auch eine Steuer auf große Vermögen und Einkommen hält Wagenknecht Ende der 90er Jahre für keine Lösung. Es fände sich immer eine »Steuerinsel«, es gäbe genügend Tricks und Ausweichmöglichkeiten, mit denen die Reichen sich ihrer Verantwortung entziehen könnten. Die Summen wären auch nicht groß, die von den Staaten erzielt werden könnten. Eine internationale Vereinheitlichung der Steuern hielt sie damals für schlicht nicht machbar.

»Solange privatkapitalistische Banken und Investmentfonds über Milliarden verfügen, werden sie diese Möglichkeit im Interesse maximaler Renditen nutzen. Kein Gesetz wird und kann sie daran hindern. Denn für jede gesetzliche Regel gibt es wieder eine Umgehungsmöglichkeit, und je üppiger das Gestrüpp der Vorschriften, desto schwerer ist es zu überwachen.«[37]

Ab den 2000er Jahren korrigierte Wagenknecht ihre Sicht und betonte stärker Reformmöglichkeiten. Das Schuldenmachen des Staates, um die Wirtschaft anzukurbeln, hielt sie aber lange noch für keine gute Idee – auch wenn eine keynesianische Konjunktursteuerung sympathischer sei als das Abwürgen jeder konjunkturellen Regung durch Austerität:

»Wahr ist aber auch: Staatliches deficit spending ist die profitkonformste Antwort auf das kapitalistische Nachfrageproblem: Es ist einer der wenigen Wege, Nachfrage zu schaffen, die im Prozess der Kapitalverwertung nicht zugleich als Kostenfaktor in Erscheinung tritt. Anders als aktive Lohnpolitik oder steuergelenkte Umverteilung von oben nach unten schmälert sie die Renditen nicht, sondern schafft, im Gegenteil, auf Steuerzahlers Kosten eine zusätzliche rentable Anlagesphäre für das private Kapital.«[38]

Nach der Eurokrise ab dem Jahr 2010 und der Durchsetzung der Schuldenbremse für Bund, Länder und Kommunen in Deutschland 2011 differenzierte sie die Wirkungen des staatlichen »Schuldenmachens«. Nun heißt es:

»In einem konjunkturellen Abschwung ist die kreditfinanzierte Ausweitung der öffentlichen Ausgaben ein sinnvolles, kurzfristig wirksames Mittel, um die gesamtwirtschaftliche Nachfrage zu erhöhen und so dem wirtschaftlichen Abwärtstrend entgegenzuwirken.«[39]

Völlig zu Recht stellt sie fest, dass Austeritätspolitik gar nicht den Sinn hätte, Schulden abzubauen, sondern darauf abziele, die Staatsquote zu senken. Das führe zu Sozialkürzungen, Lohnsenkungen und Privatisierungen, mit den üblichen Profiteuren.

Viele von Wagenknechts Reformvorschlägen folgen heute klassischer sozialdemokratischer Politik, wie sie auch in der Nachkriegszeit linke Politik prägte: Wiedereinführung einer Vermögenssteuer; höhere Besteuerung von großen Einkommen, insbesondere Kapitalerträgen und Erbschaften; Beendigung der Teilprivatisierung der Rente; Schrumpfung des Finanzsektors; teilweise Verstaatlichungen und Enteignungen, wie es kommunal in Berlin mit dem Immobilienunternehmen Deutsche Wohnen SE versucht wird; Regulierungen der Konzerne, zum Beispiel im Pharmabereich, um die steigenden Gesundheitskosten wieder zurückzufahren.[40]

Vor allem aber müsse die Finanzindustrie ausgetrocknet werden. In ihrem Buch »Freiheit statt Kapitalismus« von 2011 zeigt Wagenknecht einen möglichen Ausweg aus dem »Schuldenmorast« auf. Er besteht aus fünf Kernforderungen: 1. Streichung der Altschulden; 2. Verstaatlichung der Finanzkonzerne und ihre Rekapitalisierung, notwendig wegen der toxischen Kredite, die seit der Finanzkrise 2008 in den Banken schlummern; 3. Finanzierung der Bankensanierung durch eine Vermögensabgabe; 4. Umverteilung der Einkommen und eine faire Steuerpolitik und 5. Direktfinanzierung von Investitionen durch die Europäische Zentralbank (EZB), um die öffentlichen Finanzen von den Kapitalmärkten abzukoppeln sowie mehr demokratische Kontrolle zu erhalten. Auf diese Weise könne »Luft aus der Vermögensblase« herausgelassen werden.[41]

Wagenknecht hat sehr früh die kapitalistische Selbstaushöhlung der Volkswirtschaften erkannt, analysiert und kritisiert – aus einer antikapitalistischen Perspektive. Als in allen Industrienationen die intellektuelle Klasse und, wie Wagenknecht es ausdrückt, die »gewendeten Linken« das Loblied auf den Abbau staatlicher Regulierungen anstimmten, um angeblich wirtschaftliche Dynamik in den Volkswirtschaften zu entfachen, legte sie die dahinter stehenden Ideologien, Kapitalinteressen und schädlichen Effekte offen. Dem ist sie bis heute treu geblieben.

Auch wenn Wagenknecht Reformen heute offensiver vertritt als früher, glaubt sie weiter nicht, dass damit das Grundübel des Kapitalismus behoben werden könne. 2016 stellte sie fest, dass spätestens seit der Finanzkrise der Kapitalismus kaum mehr einen »positiven Effekt auf unser aller Wohl« habe. Er sei nicht mehr innovativ. Außerhalb der

Wohlstandszentren, also der Industrienationen, herrsche »Tristesse«. Die Frage stelle sich, wie man die »unsichtbare Hand« der Märkte, die ihren Dienst eingestellt haben, wieder beleben könne, um die wirtschaftliche Dynamik, die die Industriestaaten reich gemacht habe, anzukurbeln.[42]

Sicherlich könnten realpolitische Verbesserungen einige Exzesse zurückdrängen, so Wagenknecht. Aber für die Wiederbelebung der Dynamik sei es notwendig, den Kapitalismus zu überwinden. Denn die Reichtumsproduktion unter kapitalistischen Bedingungen sei nicht nur unsozial und ungerecht, sondern führe letztlich zur Selbstausweidung:

> »Der Kapitalismus kann ohne Wachstum nicht funktionieren, er kann aber nur wachsen, wenn dies ausreichend Profite abwirft, und an dieser Stelle tappt er in seine selbst gestellt Falle.«[43]

Denn die »erwarteten Zielrenditen« der Kapitaleigner seien mit dem investierten Kapital in Konzernen und Großunternehmen, also dem dort angelegten Großkapital, ebenfalls angewachsen. Die immer höheren Renditen, die gefordert würden, seien aber von der Realwirtschaft wegen fehlender Nachfrage kaum mehr zu leisten. Das führe dazu, dass Unternehmen von den Anteilseignern ausgesaugt würden und Investitionen zunehmend ausblieben. Dafür gäbe es keine Lösung, denn das Kapital könne im Kapitalismus nicht gezwungen werden zu investieren. Die Folge sei: Die Wirtschaftsdynamik nimmt ab. Der Kapitalismus wird immer weniger produktiv, leistungsfähig und innovativ.

Auch eine Wiederherstellung der Leistungsfähigkeit durch Reformen, um einen Boom wie in der Nachkriegszeit zu erzeugen, sei kein Ausweg. Denn, so Wagenknecht, die günstigen Bedingungen von damals seien nicht mehr vorhanden. Der »Schwung der ungesättigten, rasch wachsenden Nachfrage« habe die hohen Investitionen ausgelöst und refinanziert. Heute haben die Leute aber alle bereits Fernseher, Kühlschrank und Auto. Die Nachfragekurve musste abflachen.[44]

Das ist im Prinzip richtig, aber Wagenknecht übersieht, dass die Nachfrage abgeflacht wurde durch stagnierende Löhne und die Schaffung von Möglichkeiten, bei denen sich die Business- und Kapitalklasse auf globalen Finanzmärkten ungestört bereichern konnte, statt die nachhaltige Infrastruktur der Zukunft aufzubauen. Die Abflachung ist politisch eingeleitet worden und kann natürlich auch politisch wieder verändert werden – wenn der nötige Druck auf die Regierung vorhanden ist.

Wagenknecht folgt der marxistischen Annahme einer unüberwindbaren »Krise der Unterkonsumption« beziehungsweise »Überproduktion« im Kapitalismus. Doch dem Kapitalismus ist kein grundsätzliches Nachfrage-Angebot-Problem beziehungsweise eine tödliche Nachfragelücke zu eigen. Sie wurde von modernen makroökonomischen Wachstums- und Verteilmodellen auch nicht bestätigt. Im Gegenteil. Die These vom Nachfragemangel wurde vielfach widerlegt. Der Kapitalismus schaufelt danach nicht zwangsweise sein eigenes Grab. Darauf zu warten, bis er schwach genug ist, um ihn mit einem besseren ökonomischen System einfach von der Weltbühne zu schieben, reicht eben nicht.[45]

Mythos: innovative Märkte und Ökodiktatur

Wagenknecht folgert aus ihrer Analyse, dass zur Stimulierung der Wirtschaftsdynamik eine aktive Lohn- und umverteilende Steuerpolitik nicht ausreicht, sondern die Eigentumsverhältnisse grundsätzlicher geändert werden müssten. Sie schlägt vor, bei Konzernen, Monopolunternehmen und großen Unternehmen, die wichtige öffentliche Dienstleistungen verantworten, darunter Banken, das Großkapital hinauszuwerfen, so dass der Mehrwert im Unternehmen verbleiben könne – da große Teile davon nicht mehr als Profite abfließen müssen. So würden Bedingungen geschaffen, die Erträge wieder stärker für Investitionen einzusetzen.

Wir werden im nächsten Kapitel sehen, wie Wagenknecht den Austritt aus dem Kapitalismus im Einzelnen konzipiert. Was ihr vorschwebt, ist eine Intensivierung der Marktwirtschaft, bei der große Teile der privaten Unternehmenslandschaft bis zu einer gewissen Größe erhalten bleiben und innovative Dynamik erzeugen sollen (also Marktlücken erobern), während die Industriekonzerne vom Druck des Großkapitals befreit würden, aber weiter auf dem Markt um Erfolg kämpfen müssten, während Unternehmen im Bereiche der Daseinsversorgung (Wasser, Strom, Gesundheit) jenseits des Markts kostendeckend operieren sollen.

Ihr Marktmodell führt, wie wir noch sehen werden, zu einer Reihe von Widersprüchen. An dieser Stelle nur so viel: Ihr Lob der »offen gehaltenen Wettbewerbsmärkte«, die wieder Erfindergeist und Schwung in die Volkswirtschaft bringen würden, basiert zu großen Teilen auf einem Mythos – dem der innovativen Märkte. Der Laisser-faire Kapitalismus des 19. Jahrhunderts, der Anfang des 20. Jahrhunderts im großen Crash endete, zeigt, wohin »innovativer Wettbewerb« und offene Märkte in der Realität führen. Das weiß Wagenknecht natürlich. Doch sie erklärt, dass die Missstände nicht Schuld des innovativen Wettbewerbs gewesen seien. Vielmehr seien sie der zu jener Zeit herrschenden Diskrepanz zwischen Profiterwartungen und Technik entsprungen. Denn die an sich produktive »kreative Zerstörung« – sprich: das ständige Ersetzen von Produktionsanlagen durch neue – habe damals zu hohe Profiterwartungen erfüllen müssen, die beim Stand der Technik im 19. Jahrhundert »ohne das Elend und die brutale Ausbeutung der Arbeitenden nicht erzielbar gewesen wären«.[46]

Die Wahrheit ist jedoch, dass nicht »Wettbewerbsmärkte« das eigentliche Zentrum von Innovation sind, sondern der Staat. In seinem Bereich (in Forschungsinstituten und Universitäten, bezahlt von Steuergeldern) wurden und werden die Technologien der Zukunft entwickelt. Er sorgt mit direkten und indirekten Subventionen dafür, dass sich neue Geschäftsmodelle am Markt rechnen. Die öffentliche Hand bildet also den dynamischen Teil im Kapitalismus wie in jeder erfolgreichen Marktökonomie – ob nun mit oder ohne Großkapital –, denn nur so kann die Wirtschaft überhaupt funktionieren (vergleiche dazu nächstes Kapitel). Wenn nicht vom Staat sozial gebändigt und mit Technologien sowie Subventionen gefüttert, während die externalisierten Unkosten von der Allgemeinheit ausgeglichen werden, sind Wettbewerbsmärkte barbarisch, selbstzerstörerisch und ökonomisch impotent.

Wagenknechts spezifische Sichtweise auf die Reichtumsproduktion erzeugt zudem blinde Flecken. So versteht sie Reichtum aus der nationalen Perspektive einer Industrienation. Damit blendet sie aber ein wesentliches Element der Gleichung aus. Denn der Reichtum der reichen Staaten wurde und wird immer auch global erzeugt – nämlich durch Ausbeutung der Dritten Welt. Dieser Aspekt wird von Wagenknecht zwar nicht geleugnet, aber er hat keine Auswirkung auf ihre politische Ökonomie und Politik. Wir werden später noch sehen, dass sie die globale Verantwortung der Industriestaaten für das Elend der Welt tatsächlich entsorgt und mit Almosenpolitik abspeist.

Das hat auch damit zu tun, dass Wagenknecht den Markt-»Externalitäten« keine Beachtung schenkt. Märkten ist eine zentrale Fehlfunktion zu eigen: Sie lagern Kosten systematisch auf die Allgemeinheit, andere Länder und die

Umwelt aus. Ökonomen wie Herman Daly beziehen daher alle Effekte auf die Gesellschaft und die Welt ein, um reales ökonomisches Wachstum zu messen. Eine solche Gesamtrechnung berücksichtigt zum Beispiel Gesundheitskosten, Umweltkosten (Biodiversitätsverlust) und Naturverbrauch, alle Ressourcenkosten, auch durch Kriege verursacht, die tatsächlichen Produktionskosten, auch in anderen Ländern, oder die Klimawandelkosten. Danach kann eine nationale Marktökonomie »produktiv« erscheinen und wachsen, während sie gesamtökonomisch gesehen die Gesellschaft, die Umwelt und die Welt tatsächlich verarmen und verkümmern lässt. Die Volkswirtschaft wächst und produziert Reichtum, aber es handelt sich in Wahrheit um nicht-ökonomisches Wachstum, wie Daly es nennt.[47]

Im deutschen Reichtum steckt also die Armut der Dritten Welt als negative »Externalität«, die aber nur eine schwache Lobby besitzt. Daher wird sie volkswirtschaftlich nicht beachtet. Dasselbe gilt für das Klima, ein weiterer blinder Fleck bei Wagenknecht. Da Klimaschutz und Energiewende für sie nicht vereinbar sind mit Renditeerwartungen und Wohlstandssicherung, gäbe es im Kapitalismus keine Lösung für das Problem. Denn die »Ökowende« schaffe kein neues Konsummodell, keine neue Nachfrage, sondern ersetzt nur eine Nachfrage (fossile Energie) durch eine andere (nicht-fossile Energie).

Es stimmt natürlich, dass kapitalistische Märkte von sich aus keine »Ökowende« einleiten würden. Aber auch Märkte ohne Großkapital in Wagenknechts Sinn können das Problem nicht lösen. Denn in jeder Marktwirtschaft, wie sinnvoll sie im Einzelnen ist, wären Klimaschutz-Investitionen von Unternehmen nicht »finanzierbar« durch neue Nachfrage. Andere Eigentümer ändern nichts an den Dynamiken von Wettbewerbsmärkten und der Externalisierung von Kosten. So ist der schwedische Energieriese Vattenfall ein Staatsunternehmen und setzt trotzdem weiter auf fossile Energien, die dem Konzern Gewinne auf dem Markt bringen. VW produziert Rekordmengen an Autos mit hohen CO^2-Werten, trotz VW-Gesetz und Sperrminorität der öffentlichen Hand in Gestalt des Bundeslandes Niedersachsen.

Alle Unternehmen auf Märkten, auch die Staatsbetriebe, müssen also zur »Ökowende« gezwungen werden – durch das Einpreisen der Externalitäten. Und das kann nur die Politik tun. Die Finanzierung steht dabei auch nicht im Widerspruch zum Wohlstand der Bürger, wie Wagenknecht meint, oder benötige eine »Ökodiktatur« – eine zudem, die »weit rabiater [wäre,] als das unter demokratischen Verhältnissen möglich ist«, die »Mehrheiten zwingen« müsste, »die Ökoinvestitionen und die auf sie beanspruchten Renditen mit Wohlstandsverlusten zu bezahlen«.[48]

Abgesehen davon, dass die Klimakrise schon jetzt enorme Unkosten für die Allgemeinheit erzeugt und bei Voranschreiten jeden Wohlstand pulverisieren würde[49]: Die Bürger wollen die Wende, wie Umfragen zeigen, und müssen dafür auch keineswegs ihren aktuellen Wohlstand einbüßen. So gibt Deutschland jedes Jahr rund 50 Milliarden Euro für die Subventionierung von Kohle, Gas und Öl aus.[50] Diese Subventionen könnten umgelenkt werden auf alternative Energien. Zudem lagern in den großen und konzentrierten Finanzvermögen in Deutschland enorme Mengen an Treibhausgasen. So produzieren 10 Prozent der Weltbevölkerung 50 Prozent der globalen Treibhausgase. Die oberen 1 Prozent oder 0,1 Prozent der deutschen Bevölkerung sind mit ihrem Luxus-Energieverbrauch und den in ihrem Vermögen gespeicherten Emissionen Hauptverantwortliche für die deutsche Treibhausgasbilanz. Diese Geldvermögen sollten über Steuern für die Wende herangezogen werden – was natürlich bei Multimillionären und Milliardären nicht zu Wohlstandseinbußen führen wird.[51]

Zudem könnte der notwendige Infrastrukturumbau zusätzliche Wirtschaftsdynamik erzeugen und sogar Profite ermöglichen, wenn der Staat über Ordnungspolitik Nachfrage erzeugen, Subventionen umlenken, Steuern zur Finanzierung der Wende einsetzen und alternative Energietechnologien fördern würde. Gesamtgesellschaftlich könnte eine solche Wende das ökonomische Wachstum steigern und das nicht-ökonomische senken. Verlierer wären die fossile Brennstoffindustrie und die Vermögenden.[52]

Doch Wagenknecht diskutiert die auf der Hand liegende Lösung nicht (obwohl sie eine Vermögensabgabe zur Stärkung des Sozialstaats ja einfordert), spricht von unüberwindbaren Blockaden, während sie auf eine technologische Wende hofft:

>>Ich gehe davon aus, dass wir in fünfzig Jahren nicht mehr über fossile Energieträger reden werden. Ich habe die Hoffnung, dass es irgendwann Solar-Panels gibt, die jedes Licht in Energie umwandeln können und dazu keine strahlende Sonne mehr brauchen.<<[53]

Sicherlich braucht es neue Technologien und Ressourcenschonung für die Wende. Nur stützt sich Wagenknechts Hoffnung auf Annahmen, die weit entfernt sind von der Realität. So haben Klimaforscher errechnet, dass der globale >>Treibhausgasballon<<, dessen Inhalt noch emittiert werden darf, um die Erde nicht mehr als zwei Grad Celsius zu erwärmen und damit eine unberechenbare Klimakatastrophe in Gang zu setzen, nur noch sehr klein sei.

Um das offizielle Klimaziel zu halten, müssten die Industriestaaten, allen voran Deutschland, daher bis 2035 >>dekarbonisiert<< sein, also keine Treibhausgase mehr emittieren, so die Forschung. Bei den Entwicklungsländern insgesamt müsse 2050 Schluss sein. Eine Herkulesaufgabe, wie der Wissenschaftliche Beirat der Bundesregierung es bezeichnet. Doch Deutschland und die EU sind weiter auf Klimacrashkurs und streben nicht einmal an, zur Mitte des Jahrhunderts die Wende geschafft zu haben, trotz leichter Kurskorrekturen durch den Druck von Aktivisten und Schülern in den letzten Jahren.[54]

Zugleich müsse es bei der Verteilung der Kosten für die Wende gerecht und fair zugehen, so Vertreter des Globalen Südens, die Zivilgesellschaft und die internationale Klimabewegung. Das haben die Industriestaaten in allen Klimaabkommen auch anerkannt. Da sie die Klimakrise erzeugt hätten und die Entwicklungsländer ihren fairen Anteil an billiger fossiler Energie für die Entwicklung ihrer Ökonomien nicht mehr verbrennen dürften (gemäß dem Zwei-Grad-Ziel), müssten die reichen Staaten den armen die Kosten für die Energiewende und die Anpassung an die klimatisch veränderten Bedingungen abnehmen. Diese Kosten belaufen sich nach diversen Berechnungen auf rund eine Billion Dollar pro Jahr. Das würde für Deutschland bei einem Zehn-Prozent-Anteil jährliche Zahlungen in Höhe von 100 Milliarden Dollar bedeuten.[55]

Wagenknechts Hoffnung, dass sich bis 2067 (also in 50 Jahren vom Zeitpunkt ihrer Aussage gerechnet) das »Energieproblem« irgendwie technologisch verflüchtigt, vernachlässigt also die wissenschaftliche Wirklichkeit und lässt Interesse an Klimagerechtigkeit vermissen. Woher soll die technologische Wende für den rasanten Infrastrukturausbau und das Geld für die Energiewende in den armen Ländern denn kommen? Von den »offenen Märkten«? Der Staat fällt bei Wagenknecht ja wegen Wohlstandverlusten und »Ökodiktatur« aus. Ihre Haltung scheint im Angesicht der größten Menschheitsaufgabe zu sein: abwarten, Tee trinken und auf ein Wunder hoffen. Das ist mehr oder weniger die Haltung, die von den Regierungen im reichen Norden seit dreißig Jahren in Politik gegossen wird.[56]

5. Die Rettung: Kreativer Sozialismus

Sahra Wagenknechts Grundüberzeugung ist, dass politische Reformen die soziale Schieflage und die Ungleichgewichte im Kapitalismus nicht beheben, wenn sie sie auch in der jeweiligen Situation mindern können. Die systemischen Einstellungen kapitalistischer Produktion ließen, Marx folgend, unter dem Druck anwachsender Kapitalinteressen, der zunehmenden Konzentration der Produktionsmittel in wenigen Händen, der Jagd nach Profiten und Renditen und den sich daraus ergebenden inneren Widersprüchen kapitalistischer Ökonomien letztlich den sozialen Frieden sowie die wirtschaftliche Stabilität der Gesellschaft erodieren. Das kapitalistische System endet aufgrund seiner Dauer-Labilität ständig in Krisen, Katastrophen und schließlich, wenn gar nichts mehr geht und der Profit anders nicht zu generieren ist, in der Aushöhlung von Zivilisation und dem Sieg der Barbarei.[57]

Wagenknecht steht damit in einer langen und gewichtigen Tradition. Bevor wir zu ihrem Gegenentwurf zum Kapitalismus kommen, soll ein kurzer Blick zurück diese Traditionslinie verdeutlichen.

Die wachsende politische Macht der Massen

Schon die frühen Arbeiterbewegungen im 19. Jahrhundert in Europa und den USA wehrten sich gegen die autoritäre Art, mit der ganze Generationen förmlich verheizt wurden, um die Kapitaleigner und Fabrikbesitzer reich zu machen. Es formierten sich zum Teil gut organisierte Arbeiter- und Gewerkschaftsräte, unterstützt von linken Intellektuellen und VordenkerInnen, die mit Streiks, Firmenbesetzungen und verschiedenen Agitationsformen große Teile der Gesellschaft auf ihre Seite ziehen konnten, während die Kapitalseite zunehmend gezwungen war, politische Kompromisse – von Parlamenten in Gesetzesform gegossen – hinzunehmen.[58]

Gleichzeitig waren – heute radikal wirkende – Forderungen bezüglich einer grundsätzlich anderen Wirtschaftsordnung weit verbreitet. Arbeiter kämpften zum Beispiel im Zuge der französischen Februarrevolution von 1848 nicht nur für mehr Rechte in den Fabriken. Sie forderten an der Seite des Journalisten Louis Blanc und des Maschinisten Alexandre Martin, genannt Albert, den Ausstieg aus dem kapitalistischen Konkurrenzsystem und den Einstieg in eine Gesellschaft, in der Arbeit durch freie Assoziationen organisiert wird. »›Organisation der Arbeit‹, ›Emanzipation des Proletariats‹, ›Recht auf Arbeit‹ und ›Garantie der Arbeit‹ wurden zu Schlagworten, die in ganz Europa mit großen Erwartungen aufgegriffen wurden«, schreibt der Historiker Jürgen Herres.

In Deutschland waren dieselben Forderungen immer wieder zu hören. Die vermutlich größte Arbeiterorganisation in den Revolutionsjahren mit fast 20 000 Mitgliedern war in Deutschland die »Arbeiter-Verbrüderung«. Angeführt wurde sie von dem Schriftsetzer Stephan Born, Mitglied des Bundes der Kommunisten. Die Vereinigung strebte wie die Arbeiterbewegungen in Frankreich die grundsätzliche Neugestaltung der Wirtschaftsverhältnisse durch Produktions- und Konsumgenossenschaften an. Im Oktober 1848 schrieb Born in der Verbandszeitung »Die Arbeiterverbrüderung«, dass »an Stelle der Produktionsweise durch Kapital und Lohnarbeit« die der »freien Arbeit in der Assoziation« treten solle.[59]

In den USA dasselbe Bild. Dort kritisierten einfache Arbeiterinnen wie die »Factory Girls« beziehungsweise »Lowell Mill Girls«, oft Nachkommen von Farmern und irischen Einwandererfamilien, in Fabriken an der Ostküste die Lohnsklaverei, die sie als nicht viel besser als Ketten-Sklaverei ansahen. Es gab eine lebendige Arbeiterkultur, aus der heraus Streiks und Reformbewegungen organisiert wurden. In den zahlreichen Arbeiterzeitungen, die damals noch wirkliche Plattformen der Arbeitenden waren, war man sich einig, dass diejenigen, die die Mühlen betreiben, sie auch besitzen und verwalten sollten.

> »When you sell your product, you retain your person. But when you sell your labour, you sell yourself, losing the rights of free men and becoming vassals of mammoth establishments of a monied aristocracy that threatens annihilation to anyone who questions their right to enslave and oppress. Those who work in the mills ought to own them, not have the status of machines ruled by private despots who are entrenching monarchic principles on democratic soil as they drive downwards freedom and rights, civilization, health, morals and intellectuality in the new commercial feudalism.«[60]

Diese Ansichten entsprangen nicht angelesenen Ideologien, einer Lektüre von Marx und Engels, dem Denken der radikalen Linken in Europa oder ökonomischer Theorie, sondern kulturellen Grundüberzeugungen, Traditionen und gemeinsam geteilten Erfahrungen. Viele der Arbeiter, die in einer bäuerlich-handwerklichen Tradition standen, hatten selbst zum Teil noch erfahren, was Kontrolle über die eigene Arbeit bedeuten konnte.

Unternehmer wie Staatsmacht reagierten mit Repression. Allerdings gab es auch Unterschiede. Im kaiserlichen Deutschland wurde die Sozialdemokratie mit ihren sozialistischen und radikal-demokratischen Forderungen im 19. Jahrhundert mit einem Ausnahmegesetz in die Illegalität gedrängt. Jenseits des Atlantiks verlief die Entwicklung etwas anders.

Die Arbeitskämpfe in den USA sind lehrreich, da sie eine Strategieänderung der Wirtschaftselite als Reaktion auf die antikapitalistischen Widerstände in der Gesellschaft vorführen, die später auch auf Kontinentaleuropa über- schwappte. Die Besitzer von Fabriken und Minen antwor- teten zunächst mit massiver Einschüchterung, brutaler Polizei- und sogar Militärgewalt insbesondere bei Streiks. So wurden unter anderem Schlägertrupps angeheuert und Spione in die Arbeiterorganisationen eingeschleust.[61]

Aber in den sich weiter demokratisierenden Gesell- schaften stießen diese Mittel immer stärker auf Kritik. So solidarisierten sich die Bürger rund um die Fabriken mit den Arbeitskämpfen, wodurch Regierung und Parla- ment zu gesetzlichen Konzessionen gezwungen wurden. Im Zuge der wirtschaftlichen Depression in den 20er Jah- ren kam die Arbeiterbewegung allerdings zum Erlahmen und schien dem Untergang nah. Doch in den 30er Jahren erstarkte sie erneut und drängte die Arbeitgeber in den USA in die Defensive. In den Publikationen der Unterneh- mensverbände wurde in hysterischer Tonlage nun vor der Macht der Massen gewarnt.[62]

Aufgrund der immer besseren Organisation der Arbeiter und ihrer Erfolge im Arbeitskampf änderten die Kapitaleig- ner Stück für Stück ihre Strategie. Um Streiks zu brechen entstand das Konzept der »industrial relations«, also der Beeinflussung der öffentlichen Meinung durch Industrie- PR und gezielte Kampagnen. Mit dieser Methode gelang es letztlich der mächtigen »National Association of Ma- nufacturers« (NAM), die die Unternehmer damals vertrat, eine Reihe von Arbeitsgesetzen wieder aufzuheben, die von Gewerkschaften in Kämpfen erstritten worden waren und ihnen mehr Verhandlungsmacht gaben.

Auf diese Weise gelang es der Wirtschaftslobby mit Kam- pagnen und PR, orientiert an der erfolgreichen Propaganda der Wilson-Regierung im Ersten Weltkrieg, die Bevölkerungsmeinung zu beeinflussen und die Forderungen der Arbeiter als aggressiv und schädlich für die Volkswirtschaft und die Gesellschaft insgesamt darzustellen. Die Streikenden erschienen nun im öffentlichen Bewusstsein als Störer des sozialen Friedens, während die Interessen der Unternehmer mit den Interessen der Nation gleichgesetzt werden konnten. Die Bevölkerung bemaß Regulierungen zum Schutz der Arbeiter nun oft nicht mehr als sinnvoll.[63]

Regionale, soziale und arbeitsrechtliche Auflagen oder bundesstaatliche Gesetze, die Unternehmern Grenzen aufzeigten, wurden jetzt regelmäßig in einem Schwall von Pamphleten, Zeitungsanzeigen, Rundfunkkampagnen und in firmeninternen Propagandazügen, die als »ökonomische Erziehung« der Angestellten verpackt wurden, erstickt. Alle Hürden, die sich dem Kapital auf seiner Profitsuche in den Weg stellten, wurden als Aushöhlung von Freiheit des Individuums, Begrenzung der Eigeninitiative und bürokratisches Abwürgen der Entfaltung innovativen Unternehmertums denunziert, quasi als Inbegriff unpatriotischen Verhaltens.

Die Erfolge der »National Association of Manufacturers« waren derart verblüffend, dass die Strategie zum Hauptinstrument zur Niederringung von Arbeiterforderungen und Widerstand wurde. Sie inspirierte auch die Propagandastellen der Nazis, die die wissenschaftlichen Methoden der Beeinflussung der öffentlichen Meinung zur Steuerung der Gesellschaft übernahmen, und die »PR-Päpste« Nachkriegsdeutschlands wie Alfred Oekel, Carl Hundhausen und Franz Ronneberger, die sich bereits in der Nazizeit ihre ersten Manipulationssporen verdient hatten. Sie traten massive Medienkampagnen los, mit denen zum Beispiel der Krupp-Familie ihr »verlorenes« Erbe zurückerobert und die Interessen des Deutschen Industrie- und Handelskammertags (DIHK) durchgesetzt werden konnten. In der Nachkriegszeit wurde die professionalisierte Unternehmens- und Wirtschaftspropaganda, die kapitalistische

Werte immer tiefer ins kollektive Bewusstsein führte, von der Entertainmentindustrie über Business-Slogans vor allen in den USA, aber auch in Deutschland und Europa insgesamt angezogen und verschärft.[64]

Das führte zu einem immer negativeren Bild von Antikapitalismus und sozialistischen Werten in der öffentlichen Wahrnehmung. Begriffe wie Lohnsklaverei oder eine Kritik an der absolutistischen Macht des Unternehmers erschienen nun als »radikal«, weltfremd und fundamentalistischer Angriff auf den Wohlstand der Nation. Auch linke und gewerkschaftliche Haltungen und Strategien konnten derart beeinflusst und verschoben werden. Die Opposition gegen eine kapitalistisch durchorganisierte Gesellschaft wurde jeder positiven Konnotation beraubt sowie als »unamerikanisch«, »undeutsch«, wirtschafts- und wohlstandsfeindlich, egoistisch, Interessenpolitik-geleitet und antidemokratisch stigmatisiert.

Nach dem Zweiten Weltkrieg fand gleichzeitig ein allgemeiner wirtschaftlicher Aufschwung in den westlichen, kapitalistisch organisierten Industriestaaten statt. Diese Phase, die bis in die 70er Jahre reichte, wurde, wie schon angesprochen, ökonomisch geprägt vom Bretton-Woods-System sowie einer sozialen Zügelung der Unternehmensmacht in den Industrienationen. Arbeiter wie Kapitaleigner teilten sich in dieser Zeit gewissermaßen das Erwirtschaftete. So konnten die Löhne parallel zur wachsenden Produktivität und den Unternehmensgewinnen ansteigen. »Wohlstand für alle« schien nicht nur eine Parole, sondern, trotz weiter bestehender Ungleichheit, eine durchaus greifbare Realität.

Diese Entwicklungen – die ideologische Stigmatisierung von Arbeiterforderungen, ihres antikapitalistischen und sozialistischen Charakters sowie ihrer sozialen Ausgleichseffekte – schwächten nicht nur die Zugkraft »radikaler« Arbeiterbewegungen, sondern ließen die antikapitalistische Kritik linker Kräfte zunehmend erlahmen. Lediglich im Zuge der 68er-Proteste und der unterschiedlichen politischen Aufbruchsbewegungen wurde wieder an »radikalere« antikapitalistische Forderungen und sozialistische Analysen angeknüpft.[65]

Der Kampf für eine sozialistische Gesellschaft beziehungsweise eine grundsätzlich anders organisierte Ökonomie wurde fallengelassen. Gewerkschaften beschränkten sich darauf, die Produktivitätsgewinne im Einklang mit der Kapitalseite, also den Vertretern von Industrie und Wirtschaftslobby, für Lohnerhöhungen zu nutzen – so gut es eben ging. Die Gewerkschaftsfunktionäre akzeptierten die Königsrolle des Kapitals und stellten dessen Kontrolle über die gesamte Wirtschaftstätigkeit nicht mehr in Frage. In der Sozialdemokratie und den Arbeiterparteien im westlichen Teil Europas wurde der Antikapitalismus, wenn überhaupt, zur bloßen Rhetorikformel degradiert, die niemand mehr politisch ernstnahm – auch wenn Willy Brandt 1976 als Vorsitzender der Sozialistischen Internationale Vorstöße für eine gerechte Neue Weltwirtschaftsordnung ankündigte.[66] In späteren programmatischen Entwürfen spielte ein »demokratischer Sozialismus« in der SPD nur noch die Rolle eines bloßen Credos, ohne inhaltliche Füllung. In den USA war eine antikapitalistische, sozialistische Linke schon weit früher und sehr viel rigoroser ausgelöscht worden.[67]

Es war sicherlich kein geradliniger und gleichmäßiger Prozess. Aber an seinem Ende, nach dem Fall der Mauer, war Kapitalismuskritik in den USA wie in Europa reduziert auf kleine dissidente Kreise am Rande der Gesellschaft. Grundsätzliche Kritik am Wirtschafts- und Politiksystem erschien als eine akademische Diskussion ohne politischen Wert. Die Mainstream-Debatte, sowohl was die politisch-massenmediale Öffentlichkeit als auch die Wissenschaft anging, war mehr oder weniger gereinigt von jeder ernsthaften Kapitalismuskritik und einem Nachdenken über eine sozialistische Gesellschaft.

Nun hätte der Untergang des realexistierenden Sozialismus eine Befreiung sein können, Kapitalismuskritik zu beleben und auszuweiten. Es hätte freier und ungehinderter über grundlegende gesellschaftliche und wirtschaftliche Änderungen und eine sozialistische Gesellschaft gesprochen werden können, ohne auf Lenin, Stalin, das Zentralkomitee und die Mauer verwiesen zu werden. Aber die Reflexion wurde im historischen Siegestaumel der westlichen Welt erstickt, während marxistische Linke über den Untergang des Sozialismus trauerten oder sich an die neuen Verhältnisse anpassten.

Die Wiedergeburt des Sozialismus aus dem Geiste der BRD

Sahra Wagenknecht ist in dieser Hinsicht ein Sonderfall. Sie blieb standhaft. Denn ihr Interesse an Kapitalismuskritik und Sozialismus war von Anfang an eine existentielle Kopf- und Herzensangelegenheit. Sie empfand die Ereignisse als eine historische Welttragödie. Ihre Trauer über den Untergang der DDR war tief verwurzelt, angetrieben von wissenschaftlichem Erkenntnishunger sowie politischem Veränderungswillen. Das ermöglichte ihr in der Nachwendephase, in der ökonomischer Sachverstand und politische »Hands on«-Mentalität auch in der kapitalismuskritischen Linken, meist eingehegt in marxistischen Schablonen, rar gesät waren, ein Feld zu bestellen, das lange brach gelegen hatte.

Sie ließ das Thema DDR hinter sich – nachdem sie den Untergang historisch erklärt hatte –, und damit auch ihre Trauer. Sie krempelte die Ärmel hoch, um zu verstehen, wie ein Sozialismus aussehen müsste, der aus dem niedergehenden Kapitalismus geboren werden könnte.

Wir konnten schon sehen, wie sie die zerstörerische Mechanik des Kapitalismus in seiner neoliberal entsicherten Form jenseits vorgefertigter Mustererklärungen, in seiner Systemperformance zu analysieren fähig war – gerade weil sie zutiefst systemisch dachte. Und genau diese Fähigkeit ist es auch, die ihr ein Sozialismusmodell attraktiv erscheinen ließ, in dem die zentralen wirtschaftlichen Dysfunktionalitäten, die zwangsläufigen Funktionsstörungen des kapitalistischen Systems, beseitigt und ein gesamtgesellschaftlich nachhaltiger Output garantiert wäre.

Nach dem Motto: Wenn wir nicht wollen, dass uns die Volkswirtschaft um die Ohren fliegt und damit auch der soziale Friede danieder geht, dann sollten wir alles tun, eine neue, nicht-kapitalistische Steuerung unserer Produktionsweise zu erproben. Im Grunde ging sie wie eine Kybernetikerin beziehungsweise Ingenieurin an die Entwicklung der sozialistischen Gesellschaft im 21. Jahrhundert heran: Diagnose der Crashs und Mängelanalyse des gegenwärtigen Systems, Durchspielen der Effekte von neuen Maßnahmen und Szenarien, Kosten-Nutzen-Abwägungen, eine an den realen Verhältnissen orientierte Machbarkeitsstudie für eine grundlegende Überarbeitung und Neuverschaltung des Systems. Heraus kam das, was sie schließlich den kreativen, innovativen und produktiven Sozialismus der Zukunft nennt.

Von Beginn an machte sie dabei klar, dass es eine Notwendigkeit gäbe für einen grundlegenden Wandel – durchaus auch persönlich verstanden.

»Ich würde nicht gern den Rest meines Lebens in der bestehenden Gesellschaft verbringen. Man macht Politik ja immer auch aus, wenn ich das jetzt mal so sagen darf, ›egoistischem‹ Interesse. Ja, ich will den Sozialismus schon noch selbst erleben.«

Und sie ist angesichts der Umbrüche der letzten fünfzig Jahre auch »optimistisch, daß das, was wir jetzt durchleben, nicht der Schlußpunkt ist«.[68]

Das war 1995. Wagenknechts Verständnis von einer sozialistischen Gesellschaft beziehungsweise Ökonomie hat sich seitdem, also in den letzten 25 Jahren, in seiner Stoßrichtung kaum verändert. Im Zentrum steht weiter eine grundlegend andere Eigentumsordnung der Produktionsmittel, also der Unternehmen und Betriebe. Schon Anfang der 90er Jahre stellt sie klar, dass es im Kern um eine »Gesellschaft auf Basis nichtkapitalistischen Eigentums« gehe.[69]

Ende der 90er Jahre differenziert sie ihr Konzept. Nur die Unternehmen, die in Bereichen wirtschafteten, wo kein Markt mehr herrsche und herrschen dürfe, sollten nun enteignet und vergesellschaftet werden. Damit meinte Wagenknecht die großen Industrien, Banken und Versicherungen, Netzbetriebe mit Monopolcharakter (öffentlicher Transport, Strom etc.) und zentralen Dienstleistungssektoren (Wohnen, Gesundheit etc.). Jedoch sollte sich der Staat im Sozialismus, der Wagenknecht vorschwebte, aus mittelständischen Betrieben heraushalten. Dort solle der Markt die Produktion und Verteilung der Güter wie im Kapitalismus steuern. »Für Klein- und Mittelbetriebe müssen günstige Rahmenbedingungen geschaffen werden, mehr nicht.«

2008 schildert sie im Anschluss an die globale Finanzkrise, wie eine »reale Alternative zum Finanzkapitalismus unserer Zeit« aussehen könnte, die sozialer, reicher, produktiver und umweltbewusster wäre.

> »Die Überwindung des Kapitalismus bedeutet nicht die Abschaffung von privatem Produktiveigentum, sondern dessen Beschränkung auf jene Bereiche der Wirtschaft, in denen es eine ökonomische oder gesellschaftliche Macht gebären kann. Wo kein Unternehmen stark genug ist, Preise und Umfang des Angebots zu diktieren, wo Zulieferer und Abnehmer sich auf gleichem Level begegnen und starke Sozialgesetze Kostensenkungen zulasten der Beschäftigten sowie strikte Umweltauflagen Raub-

bau verhindern, kann der Stachel von Eigeninteresse und Gewinn durchaus Innovation und technologischen Fortschritt fördern.«[70]

Sie machte zugleich früh deutlich, worauf eine Neugestaltung der Wirtschaft ausgerichtet sein sollte.

»Es geht nicht ums Schlaraffenland. Es geht darum, ob soviel produziert wird, wie beim heutigen Stand der Technik mit den vorhandenen Arbeitskräften – sozial und ökologisch verantwortbar – produziert werden könnte.«

Im Kapitalismus bleibe das Produktionsergebnis jedoch, so Wagenknecht, hinter dem Möglichen zurück. Daher sähe man Massenarbeitslosigkeit und Unterauslastung der Kapazitäten. Die Märkte seien »gesättigt«, während Menschen verhungerten. Der Lebensstandard der meisten Menschen sei auch in den Industrienationen, vor allem in den unteren Schichten, weit unterhalb dessen, was »beim gegenwärtigen Produktivitätsniveau« erreichbar wäre. Ganz zu schweigen von den zerstörerischen Aufblähungen im internationalen Finanzsystem.[71]

Ein zweiter zentraler Aspekt für Wagenknechts neue Wirtschaftsform ist die Entmachtung des Großkapitals, das transnational, vor allem im finanzialisierten Kapitalismus seit den 70er Jahren, den Daumen über ganze Volkswirtschaften heben oder senken könne, wie ein virtuelles Parlament, je nachdem, ob ihm die jeweilige Politik und Entwicklung dort gefalle oder nicht. Daher wirbt Wagenknecht für die Überwindung des destruktiven »Wirtschaftsfeudalismus des 21. Jahrhunderts«. So sei eine

»veränderte Gestaltung des wirtschaftlichen Eigentums ... folgerichtig der Schlüssel zu einer neuen Perspektive. Reformvorschläge, die diese Ebene ausklammern, können zwar Verbesserungen in Einzelbereichen erreichen. Aber sie enden in den meisten Fällen doch wie die diversen Anläufe zur Bankenregulierung: weichgespült, zahnlos gemacht und dann trickreich umgangen«.[72]

Aber auch in ihrem letzten Entwurf für einen neuen Sozialismus im Buch »Reichtum ohne Gier« von 2016 macht sie klar, worum es nicht gehen sollte: »Märkte darf man nicht abschaffen, im Gegenteil, man muss sie vor dem Kapitalismus retten.« Denn Märkte seien notwendig, um eine »neue Innovationsdynamik, die nicht nur die betreffenden Unternehmen und deren Eigentümer, sondern alle reicher macht«, zu starten.[73]

Dieses Grundkonzept: Vergesellschaftung, Vergemeinschaftung, in gewissem Sinne auch Verstaatlichung von zentralen Bereichen der Wirtschaft, Förderung des privatwirtschaftlichen mittelständischen Unternehmertums und Allokation von Waren und Dienstleistung auf Märkten, auf denen tatsächlich Leistung und Innovation belohnt werden, ist der Dreiklang, den Wagenknechts Ideen rund um eine sozialistische Umgestaltung der Gesellschaft bestimmen.

Die Wurzeln dieses Konzepts liegen keineswegs nur im Ordoliberalismus der frühen Bundesrepublik – also im Konzept einer ordnungspolitisch regulierten Marktwirtschaft, in dem der Staat für sozialen Ausgleich und ökonomische Fairness sorgt sowie Monopole, Kartelle und sonstige Machtballungen verhindert –, auch wenn das nach der Lektüre ihrer Bestseller-Bücher so wirken könnte.

Denn Wagenknecht knüpft zwar explizit an diese Tradition an, um dem neoliberalen Marktfetischismus der heutigen Zeit die Ideale der Markttheoretiker der 50er, 60er Jahre sowie die allseits gepriesene »soziale Marktwirtschaft« made in Germany wie in einem Spiegel vorzuhalten. Nach der Devise: Schaut her, so dachten die ökonomischen Gründungsväter der BRD, die das Wirtschaftswunder in

Deutschland ermöglichten und das Land zu dem gemacht haben, was es heute ist, nämlich zu einer der führenden und angesehensten Industrienationen der Welt. Doch ihr habt die Lehren der Wohlstandsbringer in den letzten Jahrzehnten über Bord geworfen und zerstört ihr Erbe und damit den so geschaffenen Reichtum.

Doch der Ordoliberalismus ist letztlich nicht geeignet als Basis für eine sozialistische Ökonomie. Denn er besteht aus einem in sich widersprüchlichen Konzept, hin- und herschwankend zwischen Markt und staatlicher Ordnungsmacht, in Abwehr von Keynesianismus, Marxismus und Sozialismus, entwickelt von konservativen Theoretikern wie Walter Eucken, Alexander Rüstow oder Alfred Müller-Armack. Manche sehen in der Freiburger Schule daher letztlich einen Strang der umfassenderen neoliberalen Denkrichtung.[74]

Wagenknechts Inspiration speist sich maßgeblich aus anderen Quellen. Sie geht zurück auf die Marxsche Kritik am expandierenden Großkapital und dem darauf aufbauenden »Geldadel«, der leistungslos die Volkswirtschaft ausplündere und zerstöre – wie die Finanzkrise nur allzu deutlich bestätigte. Diese Kritik korrespondiert zudem mit der späteren Forderung einer »Kapitalneutralisierung«, wie Wagenknecht sie im Anschluss an den tschechischen Reformer Ota Šik einfordert.

Šik war Begründer der Wirtschaftsreformen im Anschluss an den Prager Frühling. In den 70er Jahren entwarf er das Konzept einer »Humanen Wirtschaftsordnung«, das einige Elemente enthält, die dann auch in Wagenknechts Sozialismusentwurf auftauchen wie die Mitarbeitergesellschaften (MAG), die über mehr Mitbestimmung und andere Arbeitsstrukturen die Identifikation der Mitarbeiter mit ihrem Betrieb erhöhen sollen. Die Diskussion über eine Kapitalneutralisierung wurde sogar, wie Wagenknecht betont, von Teilen der FDP aufgegriffen.[75]

Zudem war Wagenknecht schon früh Anhängerin der ökonomischen Reformideen unter DDR-Staatsratschef Walter Ulbricht. In den 60er Jahren plädierte er für eine grundlegende Reform des Wirtschaftssystems. Wagenknecht fasste sie in den 90er Jahren so zusammen:

> »Es ging um Selbstorganisation, um Rückkopplungsmechanismen, es ging darum, Planung und Markt in ein neues Verhältnis zu bringen. Angedacht wurden neue Rechtsformen in der Wirtschaft, neue Mitbestimmungsmechanismen in den Betrieben. Es ging um Gewinnorientierung und um die Durchsetzung des Leistungsprinzips. Das hätte Konsequenzen für die gesamte Gesellschaft gehabt.«[76]

Elemente davon wurden auch umgesetzt. So wurde 1963 das »Neue Ökonomische System der Planung und Leitung« (NÖS oder NÖSPL) beschlossen. Es sah Leistungsboni für Arbeiter sowie eine stärkere Eigenständigkeit von Betrieben vor. Die Einführung von dynamischen Marktelementen konnte sich auf frühere Experimente beim Aufbau des Sowjetsystems beziehen. Schon Lenin und Trotzki hatten 1921 mit der »Neuen Ökonomischen Politik« (NEP) einen ähnlichen Schritt eingeleitet. Aber das Experiment, das die Wirtschaft anregen sollte, was in gewissem Maße auch gelang, wurde bereits nach sieben Jahren beendet, mit gemischten Ergebnissen, darunter sich bereichernde Händler, den sogenannten NEP-Männern. Mit dem Wechsel an der Spitze des Zentralkomitees wurde die Reform in der DDR von Erich Honecker schließlich nicht weiter verfolgt.

Im Zentrum von Wagenknechts Konzept eines »kreativen Sozialismus« steht eine neue Eigentumsordnung, die sie in ihrem Buch »Reichtum ohne Gier« am ausführlichsten skizziert. Danach sollen vier Eigentumsformen möglich sein und die Wirtschaftstätigkeit prägen. Das sind

Personengesellschaften, Mitarbeitergesellschaften, Öffentliche Gesellschaften und die Gemeinwohlgesellschaften.

Personengesellschaften sind im Prinzip kapitalistische Unternehmen. Allerdings dürfen sie keine öffentlichen Subventionen erhalten und nicht über eine bestimmte Größe wachsen. Wagenknecht setzt die Grenze bei 20 000 Beschäftigten an. Sie sollen vor allem Innovationen vorantreiben, Marktlücken entdecken und neue Technologien wirtschaftlich erproben. Aber – auch das macht Wagenknecht klar – die Unternehmer und Gesellschafter müssen voll haften, wenn die Dinge mal nicht so gut laufen. Darin unterscheiden sie sich von den privatwirtschaftlichen Rechtsformen, bei denen die Haftung beschränkt ist oder de facto wegfällt, wie bei den Kapitalgesellschaften, die zudem oft zu groß und »systemrelevant« sind, also »too big to fail«, als dass man sie einfach zusammenbrechen lassen könnte. Das bedeutet de facto eine Vollkaskoversicherung.

Auch die Mitarbeitergesellschaften, die keinen externen Eigentümer mehr haben, sondern sich selbst gehören – durch eine Stiftungslösung sollen sie unverkäuflich sein und damit einer Privatisierung entzogen werden –, sollen nicht über 20 000 Mitarbeiter beschäftigen. Beide Unternehmensformen, die Personengesellschaft und die Mitarbeitergesellschaft, müssen beim Überschreiten dieser Grenze überführt werden in sogenannte Öffentliche Gesellschaften, die sich dadurch unterscheiden, dass nun Vertreter der Städte und Gemeinden im Aufsichtsrat sitzen müssen.

Dazu kommen noch Gemeinwohlgesellschaften, die ökonomische Sektoren mit Monopolcharakter (also Netzbetriebe) und Güter elementarer Lebensbedürfnisse (Gesundheit zum Beispiel) betreffen. Sie sollen anders als die anderen drei Gesellschaftsformen nicht gewinnorientiert, sondern kostendeckend wirtschaften. Wagenknecht möchte dabei nicht, dass sie dem Staat gehören. Auch sie sollten »sich selbst« gehören, so dass niemand von außen in sie »hereinregieren« kann. Das könnte zum Beispiel eine öffentlich-rechtliche Organisationsform leisten.[77]

Es wäre sicherlich ein sinnvoller Schritt, mehr öffentliche Kontrolle über wichtige Wirtschaftsbereiche zu erhalten. Es sollte aber bedacht werden, dass der Staat und mächtige Interessengruppen in einer von Märkten und Wettbewerb angetriebenen Gesellschaft immer versuchen werden, Wege zu finden »hineinzuregieren«, ihre Interessen durchzusetzen und den Rahmen festzulegen. Das zeigt sich bei den öffentlich-rechtlichen Rundfunkanstalten und ihrer Kontrolle durch Rundfunk- und Verwaltungsräte sowie einer politisch gelenkten Personalpolitik.

Das Ziel der Neuordnung der Eigentumsverhältnisse ist bei Wagenknecht unmissverständlich. Sie möchte die unternehmerische Initiative stärken, allerdings dabei die, wie sie es nennt, neofeudalen Konsequenzen abschalten – also das hochkonzentrierte Finanzkapital in der Gesellschaft neutralisieren. So soll »Wohlstand für alle« in einer nachhaltigen, innovativen Volkswirtschaft gesichert werden und mehr öffentliche Kontrolle über zentrale Bereiche der Industrie geschaffen werden.

Der Weg zur neuen sozialistischen Ordnung, also die »Enteignung« oder Wiederaneignung der Konzerne (je nach der Perspektive) sei auch gar nicht kompliziert, so Wagenknecht. Dafür müsse lediglich das einmal extern eingebrachte Kapital der Kapitalgeber in einem Unternehmen mit Verzinsung (minus die Gewinnausschüttungen) aus den laufenden Erträgen der Produktion wieder ausbezahlt werden.

Der Vorschlag erscheint sehr plausibel. Denn die möglichen Eigentumsformen, die die Rolle der Mitarbeiter und der öffentlichen Hand stärken sollen, passen sich förmlich den jeweiligen Anforderungen einer Volkswirtschaft an: freies Unternehmertum mit voller Haftung für die wagemutige Unternehmensavantgarde und privatwirtschaftlichen

Zugpferde, um innovativen Schub zu erzeugen. Größere Unternehmen und Industrien ohne externe Eigentümer (die nun nicht mehr über ihr Kapital die Konzerne steuern können), jedoch mit kommerziellem Drive, für ein stabiles industrielles Rückgrat der Produktion, mitbestimmt von den Beschäftigten und, je nach Größe und Stellung, zunehmend durch die öffentlichen Hand. Schließlich die Unternehmen, die rein kostendeckend die Gesellschaft mit lebenswichtigen Gütern und Leistungen versorgen, wo Markt keinen Sinn macht, weil es hier keine Konkurrenz gibt.

Vorteilhaft ist auch, dass es diese Eigentumsformen bereits in der einen oder anderen Weise gibt. Sie sind also nicht komplett neu und könnten leicht in Dimension und Ausgestaltung erweitert werden.

Es ist offensichtlich, dass eine derart organisierte Wirtschaft in jeder Beziehung ein großer Fortschritt wäre im Vergleich zum finanzialisierten Kapitalismus der Gegenwart. Aber ob es auch ein erstrebenswertes Gegenmodell zum Kapitalismus darstellt, überhaupt den Kapitalismus überwindet, ist eine andere Frage. Denn damit entsteht nicht automatisch ein faires, gerechtes und demokratisiertes Wirtschaftssystem. Im Gegenteil.

Marktsozialismus und die Gerechtigkeitsfalle

Das neue System macht eine Reihe von Annahmen, die man in Frage stellen sollte. Zudem löst es die Widersprüche des Kapitalismus keineswegs auf. Denn es ist ein Modell, in dem die zentralen Institutionen, die auch im Kapitalismus wirken, nicht aufgehoben werden und folglich weiter Ungleichheit, entwürdigende Arbeit sowie Gier und Egoismus befördern.

Das Modell hat mit Sozialismus, wenn überhaupt, nur sehr bedingt etwas zu tun. Zentrale Einrichtungen des kapitalistischen Systems wie Markt und Wettbewerb dominieren weiter. Die Widersprüche, die sich aus einem solchen, kommerziell angetriebenen Marktsystem ergeben, werden von Wagenknecht jedoch nicht weiter diskutiert. Vor allem wird nicht geklärt, wie mit den zentrifugalen Effekten umgegangen werden soll.

Im Rahmen der internationalen Diskussion über ökonomische Alternativen zum Kapitalismus stellt ihr Konzept ein moderates, nicht einmal sehr progressives Modell eines sogenannten Marktsozialismus dar – wobei Kritiker darauf verweisen, dass Marktsysteme, in denen von Managern geführte Unternehmen in Wettbewerb zueinander treten, politisch gerahmt durch einen von ein paar Parteien organisierten Staat, im originären Sinn nicht sozialistisch genannt werden können. Denn Sozialismus sei im Kern um die Auflösung aller illegitimen Machtkonzentrationen vom Ökonomischen bis ins Politische bemüht. So wendet der Kapitalismuskritiker, Verleger und Buchautor Michael Albert zu Recht ein:

»If we call it ›socialism‹, then the word can't simultaneously mean rule by workers over their own labors, because that is certainly absent in this system.«[78]

Vor allem ist Profit- und Gewinnstreben im Marktsozialismus weiter Kern der Ökonomie und treibt sie an. Die Unternehmen sind demgemäß primär kommerziell ausgerichtet. Als Motivation der Lohnarbeiter sollen unterschiedliche Lohnhöhen dienen, die je nach Erfolg des Unternehmens auf dem Markt und je nach Leistung des einzelnen Angestellten im Betrieb, also seines Beitrags zum Unternehmensertrag, bemessen und ausgehandelt werden. Außerdem bleibt die hierarchische Struktur der Unternehmensführung sowie der Gesellschaft insgesamt erhalten. Vor allem aber bleiben die Märkte, außer den Gemeinwohlzonen, das bestimmende Charakteristikum.

In der ökonomischen Diskussion um einen solchen Marktsozialismus werden drei zentrale Probleme benannt, die selbst bei einem progressiven Modell, bei dem die Arbeiter die Betriebe selbst verwalten und alle Entscheidungen von der Basis nach oben aufsteigend getroffen werden, gelten. (1) Selbst wenn die Unterschiede, die durch Einkommen aus privatem Unternehmenseigentum erwachsen, eliminiert sind, verteilen Arbeitsmärkte die Einkünfte aus Arbeit unfair und (2) signifikante Ineffizienzen und antisoziale Dynamiken sind unvermeidbar, wenn Arbeiter ihre Aktivitäten über Märkte koordinieren müssen. (3) Auch wenn es keine staatlichen Zentralplaner mehr gibt, die Arbeiter in selbstverwalteten Marktökonomien Anordnungen geben würden, ist es wahrscheinlich, dass zwischen Arbeitern und ihren Managern die Klassenkluft anwachsen würde und die Selbstverwaltung dahinschwindet.

Der Ökonom Robin Hahnel schreibt dazu in »Economic Justice and Democracy. From Competition to Cooperation«:

»If we eliminate inequities that stem from private ownership of productive property, would public-enterprise market economies be fair? Unfortunately, the answer is no.«[79]

Denn Lohnhöhen und -raten werden über Angebot und Nachfrage bemessen, also nach der Maxime: jedem gemäß seinem Wert, den er zum Betriebsertrag beiträgt. Da Produktivität aber keineswegs nur das Ergebnis von Anstrengung und Aufopferung ist, impliziert es eine grundlegend unfaire Verteilung. So ist Produktivität vor allem das Ergebnis von Talent (also der genetischen Lotterie), Bildung und Training (bereitgestellt in großen Teilen durch öffentliche Ausgaben), der Menge und der Qualität anderer produktiver Inputs, mit denen der jeweilige Mitarbeiter zu tun hat, und natürlich Glück. Keine Ökonomie wird es jemals schaffen, alle gleich produktiv zu machen. Wagenknecht forciert aber diese Illusion, indem sie behauptet, dass ein faires Bildungssystem zukünftig jedem gleiche Chancen geben werde. Jeder sei dann »auf einem bestimmten Gebiet zu überdurchschnittlichen Leistungen« fähig. Es käme lediglich darauf an, wie der Einzelne die Chancen nutze.[80]

Sicherlich wäre es sinnvoll, die Bildungszugänge egalitärer zu gestalten. Aber ökonomische Märkte und Betriebe im Wettbewerb miteinander messen Leistung nicht an abstrakten Fähigkeiten für irgendeine Tätigkeit, wie Wagenknecht unterstellt, oder an Bildung per se, sondern an dem jeweiligen Beitrag des Mitarbeiters am Betriebsertrag und der Stellung in der ökonomischen Hierarchie, die niemals gleich sein werden und schon gar nicht allein auf das Bemühen und Streben des Einzelnen zurückgehen. Das sogenannte Doktor-Müllsammler-Dilemma, das Menschen nach ihrer Stellung ökonomisch klassifiziert, wird in Marktsystemen, wie immer organisiert, also bestehen bleiben.[81]

Wagenknecht teilt eine auch in progressiven Milieus verbreitete Sichtweise, dass es zwar unfair sei, dass Menschen von »leistungslosem« physischem Kapital (Geld, Vermögenswerte, Unternehmensbesitz) profitieren, aber durchaus gerecht, »menschliches Kapital« im Wirtschaftsprozess je nach Leistungsgrad zu sanktionieren – wodurch sich einige ein größeres Stück vom Kuchen abschneiden, was automatisch zu einer ungleichmäßigen Verteilung von Privilegien führt. Demgemäß fordert Wagenknecht Chancen- und keineswegs Output-Gleichheit:

»Eine moderne Wirtschaftsordnung sollte also nicht nur aus Gerechtigkeitsgründen, sondern auch aus Gründen der ökonomischen Vernunft Institutionen schaffen, die dafür sorgen, dass die Perspektiven eines Kindes möglichst wenig vom familiären Umfeld und möglichst viel von seinen eigenen Fähigkeiten abhängen.«[82]

Wenn sie also sagt, dass Leistung sich wieder lohnen sollte, heißt das übersetzt: An die Stelle des leistungslosen Einkommens des Geldadels soll »wieder« die Belohnung für individuelle Leistung treten, gemessen an der ökonomischen Stärke des Einzelnen im Unternehmen (und damit auch seiner Verhandlungsmacht) und seinem produktiven Beitrag zum Betriebsertrag. Nur »wirkliche« Leistung soll ökonomisch entlohnt werden. Dabei ist sie näher an der sowjetischen Verfassung von 1936, der sogenannten Stalin-Verfassung, die festschrieb: »Jeder nach seinen Fähigkeiten, jedem nach seiner Leistung« als an dem Arbeitsverständnis von Karl Marx: »Jeder nach seinen Fähigkeiten, jedem nach seinen Bedürfnissen«.[83]

Die Leistungssanktionierung gilt im Übrigen nicht nur für die arbeitenden Individuen, sondern auch für die Betriebe im Wettbewerb untereinander. Auch dort soll das Leistungsprinzip die Produktion und die Verteilung der Ressourcen dominieren. So schreibt sie schon Mitte der 90er Jahre:

> »Wenn die Belegschaften und Betriebsleitungen an den Ergebnissen gemessen werden, die sie in ihrem Betrieb erwirtschaften, dann stehen sie natürlich auch im Wettbewerb mit anderen Betrieben, die ähnliche Produktpaletten anbieten.«[84]

Die Entlohnung wird demnach auch von Betrieb zu Betrieb, von Wirtschaftssektor zu Wirtschaftssektor ungleich sein. Auch das ist nicht vereinbar mit elementaren Fairnesskriterien und sozialistischen Grundprinzipien. Denn der Erfolg eines Betriebs ist natürlich nicht die Summe der Anstrengungen der Arbeiter und Manager. Es spielen auch hier externe, zufällige, nicht von den Arbeitenden zu kontrollierende Faktoren eine zentrale Rolle: die Betriebsgröße; die Marktmacht; der regionale Standort und Vernetzungsgrad mit anderen Betrieben; der jeweilige Sektor, in dem das Unternehmen agiert; die hierarchische Stellung innerhalb der Volkswirtschaft; der Einsatz von Technologie; eine gewisses Maß an Skrupellosigkeit, Verhandlungsgeschick und Schlitzohrigkeit sowie schließlich unternehmerisches Glück.

Wenn man voraussetzt, dass Lohndifferenzen nur in Bereichen zu rechtfertigen sind, die Menschen beeinflussen können oder Tätigkeiten betreffen, die Härten implizieren, dann bleiben als Messeinheiten nur die Dauer der Tätigkeit und der Belastungsgrad der jeweiligen Arbeit übrig. Nach dem Motto: Wer mehr arbeitet und mental und physisch belastende, vielleicht sogar schädigende Arbeit verrichten muss, der sollte dafür etwas besser honoriert, also für seine Anstrengung und Aufopferung entschädigt werden. Das wäre mit Gerechtigkeitsprinzipien in Einklang zu bringen.

Das Kriterium »Leistung«, wie es bei Wagenknecht und im Mainstream verstanden wird, also ökonomische Marktmacht des Individuums gemäß seiner Produktivität, ist per se ungerecht und belohnt Menschen, die meist ohne Zutun auf der Sonnenseite des Lebens stehen. Dass selbst progressive Theoretiker dem zustimmen, liegt daran, dass der Wert der Arbeit eine Mischung aus menschlichem Kapital und Bemühen ist. Manager, Betriebsleiter und führende Köpfe in privilegierten Stellungen für ihre kreativen und koordinierenden Tätigkeiten noch zu belohnen, weil sie Produktivitätsmacht innehaben, wie in Wagenknechts Modell anvisiert, ist mit Fairness nicht zu vereinbaren.

Selbst ein ungleicher Lohn, orientiert einzig an Dauer und Schwere der Arbeit, ist nicht unproblematisch. Denn der darin enthaltene Sanktionsmechanismus betrachtet Arbeit weiter als Last, ganz im Sinne der kapitalistischen Ideologie, zu der man Menschen durch Lohnanreize drängen und zwingen muss. Es wird dabei angenommen, dass erfüllende Arbeit für alle selbst in einer idealen Gesellschaft und Wirtschaft nicht denkbar und vorstellbar ist. Wir kommen im nächsten Kapitel noch auf diesen Aspekt zurück.

Die Rede von »Leistungsanreizen« ist bei einem Marktmodell auch gar nicht »moralisch«, in Hinsicht auf Fairness und Gerechtigkeit begründet, selbst wenn mit Formeln wie »Leistung muss sich wieder lohnen« versucht wird, die prinzipiell ungleiche Behandlung als gerecht darzustellen. Vielmehr sind Lohndifferenzen im Kern aus ökonomischen Effizienzgründen unvermeidbar, um Arbeit und Ressourcen produktiv in einer Marktwirtschaft zu allokieren. Selbst wenn in einem Marktsystem alle Löhne gleich wären (zum Beispiel per Gesetz festgelegt), würde das automatisch zu Effizienzverlusten führen, da die Arbeit falsch allokiert (verteilt) würde. Produktive, hochqualifizierte Arbeiten wären dann für Unternehmen im Wettbewerb genauso teuer wie einfache. Das hätte Effekte auf die Arbeitsmärkte und Preise, über die Nachfrage und Angebot wiederum gesteuert werden, wie Robin Hahnel und andere Ökonomen in ihren Analysen betonen.

> »So if wages are made equitable, not only wage rates, but the entire cost structure of the economy will deviate systematically and substantially from true social opportunity costs.«[85]

Im Klartext: Ressourcen und Arbeitspotentiale würden verschwendet, Preise verlören ihre eigentliche Funktion für eine effiziente Steuerung der Produktionsvorgänge und das Sozialprodukt würde letztlich beschädigt. »Leistungsanreiz« und ungleiche Entlohnung ergeben sich daher zu großen Teilen aus Effizienz- und Produktivitätszwängen, ohne deren Berücksichtigung Märkte dysfunktional würden. Folglich sind Marktsysteme gezwungen, Arbeit und Lohn unfair aufzuteilen und gegen grundsätzliche Gerechtigkeitsprinzipien zu verstoßen. Wegen dieser Zwänge, die innerhalb jeder Marktwirtschaft enthalten sind, möchte Wagenknecht die Löhne auch nicht angleichen.

Das Reich der Gerechtigkeit verlässt man im Sozialismus Wagenknechtscher Prägung gänzlich, wenn es um Personengesellschaften geht. Die privatwirtschaftlichen Unternehmer, im Prinzip mittelständische kapitalistische Betriebe, sollen bei Wagenknecht weiter, wenn auch nicht so obszön wie beim Geldadel, aber ebenfalls leistungslos Kapital akkumulieren dürfen, reich werden und die Produktion autoritär kontrollieren. Das sei notwendig und richtig, weil gerade diese Unternehmerklasse das Zentrum für Innovation in jeder Volkswirtschaft bildet.

> »Wer diesen Weg der Unternehmensgründung wählt, geht voll ins Risiko. Scheitert die Gründung, verliert er meist alles, was er hat. Wer das in Kauf nimmt und am Ende Erfolg hat, muss damit auch reich werden können.«[86]

Wie groß dieser privatwirtschaftliche Bereich in Wagenknechts Modell tatsächlich wäre, darüber kann man sich streiten. Die klein- und mittelständischen Unternehmen (KMU) erwirtschaften im Moment rund jeden zweiten Euro und beschäftigen über fünfzig Prozent der Arbeiterschaft. Meistens sind es Personengesellschaften.[87] Daher wird es im Sozialismus Wagenknechts eine ganze Reihe von kapitalistischen Betrieben geben dürfen, die nicht unbeträchtliche Kapitalsummen akkumulieren werden, unter der Kontrolle von Kapitalgebern und Unternehmern. Die Beschränkung auf eine Betriebsgröße von 20 000 Mitarbeitern bei kapitalistischen Unternehmen, um Marktmacht zu verhindern, ist bei Personengesellschaften eher symbolischer Natur, da es nicht viele in dieser Größenordnung geben wird.[88]

Auch unterschiedliche private Vermögensverhältnisse bei der Überführung von Kapitalgesellschaften in die neuen Eigentumsstrukturen bleiben bestehen. Denn auch beim Vermögen findet keine »Neutralisierung« statt, abgesehen von der Wiedereinführung einer Vermögenssteuer, die je nach Höhe (fünf bis zehn Prozent schlägt Wagenknecht vor) die privaten Vermögensberge zwar etwas abschmelzen wird, aber sie keineswegs sozialisieren kann. Die Anteilseigner sollen zudem bei der »Enteignung« der Konzerne ihr Kapital verzinst zurückbekommen, wenn auch abzüglich der eingestrichenen Gewinne. Die Ungleichheit zwischen Vermögenden und denen ohne Vermögen, zwischen Unternehmern, gut verdienenden Managern und Arbeitenden wird auf diese Weise keineswegs überwunden.

Wagenknecht meint mehr Gleichheit garantieren zu können, indem in Zukunft jeder eine faire Chance erhalten soll, an Startkapital für eine Unternehmensgründung zu kommen.

> »Wenn der Staat freien Zugang zu Wagniskapital bietet, beispielsweise über Wagniskapital-Fonds, eröffnet das den Teilen der Bevölkerung mit unternehmerischem Talent ganz neue Möglichkeiten.«[89]

Also die »Talentierten, Klugen und Starken« mit Geschäftsideen sollen gefördert werden. Anders als Wagenknecht an anderer Stelle verspricht, werden damit aber weiter Haie und nicht Karpfen gezüchtet.[90] Denn »offen gehaltene Wettbewerbsmärkte« sind keine Karpfenteiche, sondern »Haifischbecken«, wie sie selbst weiß:

> »Um Unternehmen zum Einsatz innovativer, kostensparender und produktiverer Technogien zu bewegen, braucht es möglichst offene Märkte und intensiven Wettbewerb. Wer die Konkurrenz auf Abstand halten will, sollte das durch technologische Überlegenheit, besondere

Qualität oder schlicht die Entdeckung einer Marktlücke, auf die vorher noch keiner gekommen ist, tun.«[91]

Was »Auf-Abstand-Halten« auf offenen Wettbewerbsmärkten in der Realität bedeutet, zeigen zum Beispiel die Massenpleiten im 19. Jahrhundert, die Wagenknecht, dem österreichischen Ökonomen Joseph Alois Schumpeter folgend, als »kreative Zerstörung« bezeichnet. Unschön sicherlich, aber kaum zu vermeiden, wenn der Staat sich aus der Konkurrenz mittelständischer Unternehmen heraushalten soll – wie Wagenknecht fordert.[92]

Eine Demokratisierung des Zugangs zu Kapital, wie immer balancierend das am Ende sein könnte, wird die Übel der Märkte und die Konzentrationstendenz des Kapitals daher nicht verhindern können. Vor allem nicht, weil Wagenknecht unterbinden will, dass Privatunternehmer öffentlich geförderte Mittel in Form von zinsgünstigen Krediten erhalten dürfen. Wie das in Einklang zu bringen ist mit der Demokratisierungsforderung, ist unklar.

Fakt ist aber: Das Spielfeld ist auch im »kreativen Sozialismus« weiter deutlich gekippt, wenn auch nicht derart extrem wie heute. Der Anspruch, eine »gerechte ökonomische Ordnung« zu erschaffen, versöhnt sich de facto mit Verhältnissen, die auf Ungerechtigkeit aufbauen und diese über Konkurrenzmärkte am Ende verschärfen müssen, wenn nicht der Staat das bunte Treiben mit seiner »unsichtbaren Hand« ordnet.

Natürlich möchte Wagenknecht verhindern, dass auf Kosten der Allgemeinheit Profite gemacht werden. Aus diesem Grund sollen die Unternehmer voll haften. Das würde sicherlich die extremen Auswüchse der Sozialisierung von Risiken und Kosten bei gleichzeitiger Privatisierung der Gewinne deutlich einschränken. Die Einführung einer allgemeinen Haftung kapitalistischer Unternehmen (auch heute gibt es ja schon Personengesellschaften mit

Haftungsregelungen) würde auch hemmend auf spekulative Wirtschaftstätigkeiten wirken.

Doch Selbstbereicherung und Gier, die auf Wettbewerbsmärkten immer entstehen, wo Starke die Schwächeren an die Seite drängen müssen, um sich Marktpräsenz und Marktanteile zu verschaffen, kann dadurch nicht abgetötet werden. Auch ist die Fallhöhe der Unternehmer relativ und keineswegs abschreckend. In einer sozialen Gesellschaft mit einem hohen und garantierten Mindestlebensstandard für alle betrifft das Risiko im Kern das Vermögen aus angeeigneten Kapitalgewinnen, erwirtschaftet von den Arbeitern, abgeschöpft von den Eigentümern – Gewinnen, die bei einem kompletten Firmencrash verloren gingen. Der Ruin würde nur den unfair angeeigneten Luxus abwickeln.

Zudem will Wagenknecht privaten Firmeneigentümern verwehren, öffentliche Unterstützung zu nutzen. Sie dürften nur privat wirtschaften und sich privat bereichern, solange sie keine Subventionierung in Form zinsgünstiger Kredite oder staatlicher Förderung in Anspruch nehmen.

>Der freie Unternehmer bleibt allerdings auch frei von allen öffentlichen Zuschüssen, Kreditgarantien, Fördergeldern und sonstigen Subventionen, solange er das Unternehmen als Personengesellschaft in privatem Eigentum führt.«[93]

Aber dieses Verbot ist in sich widersprüchlich. Es widerspricht nicht nur, wie schon angedeutet, der »Demokratisierung beim Zugang zu Kapital«, also staatlicher Hilfe. Zugleich würde es automatisch bedeuten – wenn sie das Verbot ernst meint –, dass es keine privatwirtschaftlichen Unternehmen in ihrem »kreativen Sozialismus« geben wird. Denn jedes Unternehmen ist zwangsläufig indirekt subventioniert.

So liegt der dynamische Teil der industriellen Ökonomien im Staatssektor. Die Schlüsseltechnologien seien, wie

Wagenknecht die Forschung korrekt wiedergibt, im Prinzip »kollektive Erfindungen«[94]. Ob das Internet, die Elektronik, Transporttechnologien (und damit auch Handel und Tourismus), die Pharmazeutik, Biotechnologie, aber auch innovative Produkte im Konsumartikelbereich, sie alle basieren zu großen Teilen auf Technologien, die mit dem Geld der Steuerzahler, also der Allgemeinheit, in Forschungsinstituten und Universitäten hervorgebracht wurden. Alle Unternehmen nutzen und profitieren von diesen indirekten Subventionen.

Zudem greifen innovative Gründerunternehmen auf öffentlich finanzierte Technologien zurück, allerdings erst, wenn sie »marktreif« sind, und privatisieren dann den daraus erwirtschafteten Gewinn, ohne dass der Öffentlichkeit Kontrolle darüber zugebilligt wird. Microsoft, Apple, Google oder MP3-Player sind nur die jüngsten Beispiele solcher Privatisierungen von öffentlichen Erfindungen. Darüber hinaus sind auch private Unternehmen auf die öffentlich finanzierte Infrastruktur der Gesellschaft angewiesen, von Straßen über Stromtrassen und Schulen bis hin zur sozialen Versorgung, ohne die keine Firma überleben könnte.[95]

Wagenknecht weiß um diese Vorgänge und moniert die Ungerechtigkeit, die darin liegt, wenn mit öffentlichen Technologien private Profite gemacht werden:

> »Dass private Unternehmen später die Ergebnisse staatlicher Forschung in private Eigentums- und Patentrechte verwandeln können, ist keine Notwendigkeit, sondern eine Absurdität.«[96]

Es gibt demnach aber keinen Grund, private Unternehmen in einem Sozialismus zu akzeptieren und damit extreme Ungerechtigkeit, autoritäre Macht und Gier fördernde Strukturen ins Zentrum der ökonomischen Produktion und des Austauschs einzupflanzen.

All das zeigt: Ökonomische Gerechtigkeit spielt bei Wagenknechts alternativem sozialistischen Wirtschaftsmodell nur eine untergeordnete Rolle. Ihr Modell baut sicherlich einige nicht zu rechtfertigende Ungleichheiten ab, die sich aus der Macht des Großkapitals ergeben. Sie akzeptiert aber weiter eine systematisch ungleiche Behandlung der Arbeiter als fair, die, wie ausgeführt, kaum zu legitimieren ist. Der Grund für diese moralische Indifferenz ist ökonomischer Natur und liegt im Marktsystem selbst. Denn Wagenknecht geht es um eine effiziente Ökonomie, die wiederum vermittelt über Märkte Ungerechtigkeit in Kauf nehmen muss – jenseits der obszönen Kapitaldrohnen –, um die Wohlstandsproduktion nicht zu gefährden, die schon den »ersten Sozialismus« mit in den Abgrund gezogen hat.

Sie teilt dabei die Annahmen der Mainstream-Ökonomen, dass Märkte, Gewinnstreben, Leistungssanktionierung, Top-Down-Management und Zonen kapitalistischer Kapitalakkumulation schlicht Grundvoraussetzung für »Wohlstand für alle« sind. Ungleichheit und Konkurrenz könnten als Schwungrad der Produktion in einer komplexen Industriegesellschaft gar nicht aufgegeben werden, da nur diese die Triebfedern Innovation und Produktivität garantieren. Daher ist ein Wirtschaftssystem, das in seinen zentralen ökonomischen Institutionen selbst fair und demokratisch organisiert wäre, für sie keine Alternative zum Kapitalismus. Es würde aus ihrer Sicht wirtschaftlich nicht funktionieren.

Ineffizient, unsozial und demokratiefeindlich

Damit kommen wir zum zweiten Kritikpunkt an Marktökonomien, selbst wenn sie ohne Kapital beziehungsweise wie bei Wagenknecht ohne Großkapital organisiert sind. Denn die immer wieder herausgestellte Effizienz und innovative Kraft von Märkten ist zu großen Teilen ein Mythos. Der oben schon zitierte MP3-Player geht auf Erfindungen zurück, die auf Forschungen im deutschen Fraunhofer Institut basieren. In den USA ist das massiv aufgeblähte Pentagon-Budget zu großen Teilen ein verdeckter staatlicher Technologiefonds für private Unternehmen.[97] Zudem gibt es eine ganze Reihe von Fehlfunktionen in Marktsystemen (jenseits der Ungerechtigkeit und ungleichen Behandlung), die auch in einem reformierten Markt wie bei Wagenknecht weiter bestehen bleiben, auf die ich nur kurz hinweisen kann.

Eine ist die ineffiziente Verteilung von Ressourcen über Märkte. So unterproduzieren Marktsysteme systematisch öffentliche Güter (die kollektiver Nutzung offenstehen und sozial wünschenswert sind wie kostenlose Bibliotheken oder Parks, öffentlicher Nahverkehr und die Gestaltung öffentlicher Räume, Umweltschutz und so weiter) und überproduzieren individuelle Konsumgüter – auch wenn es Betriebe sind, die keine externen Eigentümer haben und öffentlich kontrolliert werden können. Man spricht daher vom »free rider«-Problem in Marktökonomien. Denn in ihnen gibt es bei öffentlichen Gütern, von denen mehrere oder alle profitierten, den Anreiz, andere bezahlen zu lassen. Dazu kommen die Ineffizienzen der Überkonsumption. Der Ökonom Robert Heilbronner bringt es derart auf den Punkt: »Markets have a keen ear for private wants but a deaf ear for public needs.«[98]

Sicherlich sollen bei Wagenknecht die sogenannten Gemeinwohlunternehmen Güter und Dienstleistungen in zentralen Lebensbereichen wie Wohnen, öffentlicher Verkehr, Wasser, Strom, Gesundheit, Bildung ohne Gewinnorientierung bereitstellen, um diese Marktschwäche auszugleichen. Das ist wünschenswert und gut. Aber man sollte sich keinen Illusionen hingeben. Diese öffentlichen Unternehmen werden weiter abhängig sein von den Dynamiken der Märkte, auf denen sie um die besten Arbeiter, Ressourcen, Dienstleistungen im Wettbewerb stehen. Denn die lebensnotwendigen Güter sollen ja von den Bürgern möglichst kostendeckend finanziert werden. Die öffentlichen Dienstleistungsbetriebe werden daher bemüht sein, innerbetriebliche Kosten zu senken, Löhne den Märkten anzupassen, eine Managerklasse aufzubauen und ähnliche Effizienzkriterien wie gewinnorientierte Unternehmen anzuwenden.

Dieser Prozess hat in den letzten Jahrzehnten auch in allen kapitalistischen Marktökonomien stattgefunden, in denen kommunale und öffentliche Unternehmen unter Marktdruck gerieten, während viele privatisiert wurden. In einem Marktsystem bedeutet die Bereitstellung sozialer Dienstleistungen jenseits von Effizienz, Produktivitätssteigerung und Gewinnen immer ein »Schwimmen gegen den Strom«. Über kurz oder lang kommt es zu Erosionsprozessen, Aushöhlungen und Marktanpassungen.

Außerdem haben wir ja schon gesehen, dass Märkte beständig Effekte auf unbeteiligte Dritte und die Allgemeinheit externalisieren, die nicht in die wirtschaftlichen Transaktionen einbezogen werden. Die abgeschobenen Unkosten bestehen bei einem Autokauf zum Beispiel in Lärm, Umweltverschmutzung, Staus, Unfällen, Klimawandel, Kriegen und Raubbau für Ressourcen und so weiter. Dieses Abwälzen von Kosten ist zudem nicht die Ausnahme. Es ist die Regel, wie Wirtschaftswissenschaftler betonen. Mikroökonomische Studien zeigen zudem durchgängig, wie Marktstrukturen ineffiziente Verteilmechanismen in Gang setzen, während die keynesianische Makroökonomie-Theorie Ungleichgewichtsdynamiken auf Märkten ausmacht, die zu Verlusten führen. Das alles gilt schließlich nicht nur für rein kapitalistische Märkte mit privaten Unternehmen, sondern auch für die, auf denen die Betriebe stärker öffentlich gesteuert werden.

»Moreover, if taxes and subsidies do not adequately internalize externalities, if stabilization policies do not sufficiently counter disequilibrium dynamics, and if antitrust policies fail to make markets perfectly competitive in private-enterprise market economies, they will fail to do so in public-enterprise market economies as well. In other words, there is little reason to believe markets will be any more efficient in market socialist economies than they are in capitalist economies.«[99]

Vor allem aber zerstören Märkte die sozialen Bande, die Menschen verbinden. Und damit sind wir beim dritten Kritikpunkt am Marktsozialismus. Sie befördern letztlich antisoziale, undemokratische Muster beim Menschen. Sam Bowles, selbst ein Marktsozialist, gesteht dabei ein:

»The beauty of the market, some would say, is precisely this: It works well even if people are indifferent toward one another. And it does not require complex communication or even trust among its participants. ... By economizing on valuable traits – feelings of solidarity with others, the ability to empathize, the capacity for complex communication and collective decision making, for example – markets are said to cope with the scarcity of these worthy traits. But in the long run markets contribute to their erosion and even disappearance.«[100]

So würden nach Bowles und anderen Ökonomen die Menschen eingeteilt in antagonistische Klassen von Käufern und Verkäufern. Die Märkte steigerten individuellen Konsum und benachteiligten die gemeinschaftliche soziale Nutzung von Dingen. Zudem würden solidarische und demokratische Verhaltensweisen gegenüber egoistischen abgewertet.

Wer auf dem Wettbewerbsmarkt weiterkommen und bestehen will, wer als Beschäftiger belohnt werden will –

anstatt durch weniger Lohn, schlechte Arbeit und unterprivilegierte Stellung bestraft zu werden –, muss primär an sich selber denken. Die, die an andere denken, das Ganze und externe Effekte zum Beispiel auf die Umwelt und Gemeinschaften am anderen Ende der Welt im Blick haben oder alle Betroffenen in Entscheidungen miteinbeziehen wollen, werden hingegen benachteiligt, während ihr Verhalten als unökonomisch, hemmend und störend empfunden wird.

Gleichzeitig nimmt die Fähigkeit zur Selbstverwaltung in Marktgesellschaften kontinuierlich ab. So zeigen Studien von Robert Bellah, Jean Bethke Elshtain und Robert Putnam den Verfall des bürgerlichen Lebens im Verlauf des letzten Jahrhunderts, die Schwächung von Vertrauen und Partizipation durch alle Bildungsschichten hindurch.

»The social fabric is becoming visibly thinner, we don't trust one another as much, and we don't know one another as much«, schreibt Putnam.[101]

Sam Bowles stellt weiterhin fest, dass Märkte die Fähigkeiten zu komplexen Entscheidungen und zur Informationsverarbeitung, die von modernen Menschen in Demokratien benötigt werden, keineswegs befördern. Eine richtige Feststellung, die aber nicht für alle gilt. Denn in Wettbewerbsunternehmen entsteht über kurz oder lang ein Monopol an Führungskompetenzen bei denen, die Führungsaufgaben erhalten und mit dem notwendigen Zugang zu Wissen, Information und Analyse durchsetzen: die Manager- beziehungsweise Koordiniererklasse.

John und Barbara Ehrenreich hatten schon in den 70er Jahren darauf verwiesen, dass eine professionelle Managerklasse immer mehr an Macht gewonnen hätte. Diese sei es auch gewesen, die in den kommunistischen Gesellschaften die Arbeiter daran gehinderten hätte, selbst die Verwaltung der Betriebe zu übernehmen.

Tom Weisskopf, einer der Theoretiker des Marktsozialismus gibt daher zu:

> »It is certainly true that under market socialism there must be some people occupying positions of key decision-making responsibility, and in all likelihood such people will have higher incomes as well as greater power than most of the rest of the population … There would be ample scope for inequalities associated with differential skills, talents and responsibilities.«[102]

Wagenknecht leugnet diese inhärente Klassenteilung nicht. Sie hält sie vielmehr für richtig, anspornend und ökonomisch förderlich.

> »Größere Unternehmen brauchen natürlich, was sie heute auch haben: klare Weisungsbefugnisse und Kompetenzhierarchien. Die operative Leitung muss, wie jede andere professionelle Tätigkeit, von Leuten übernommen werden, die die nötigen Fähigkeiten und Kenntnisse mitbringen. Aber das hat mit der Frage des Unternehmenseigentums unmittelbar nichts zu tun. Dass Belegschaften nicht per Mehrheitsentscheid in täglichen Vollversammlungen ihre Unternehmen managen können, ist eine Binsenweisheit.«[103]

Die Effekte der Einteilung in ökonomische Klassen von Managern und Arbeitern sind absehbar. Führungskräfte verfügen in den Betrieben über Informationsprivilegien und koordinierende Tätigkeitsfelder. Sie festigen derart ihre Stellung, werden in ihrer Funktion ermächtigt, während die normalen Arbeiter wenn überhaupt das formale Recht erhalten, dann und wann über Betriebsangelegenheiten abzustimmen. Sicherlich, auch Wagenknecht räumt den Angestellten in einem Betrieb mehr Mitbestimmungsrechte ein, aber sie bietet ihnen keine Strukturen für Selbstverwaltung an. Damit schließt sie an die Top-Down- im Gegensatz zu den Bottom-Up-Marktsozialisten an.

Die Arbeiter im »kreativen Sozialismus« verfügen daher nicht über die institutionalisierten Machtmittel, sich selbst zu organisieren und den Betrieb mitzugestalten, wirkliche Partizipationsmöglichkeiten, Zugänge zu Informations- und Wissensaustausch, während sie von den Effekten der Klassenteilung zunehmend entmachtet werden.

So entstünde ein System, bei dem einige die Entscheidungsfunktion übernehmen, Überblick erhalten und Macht anhäufen, und die anderen mehr oder weniger die Anordnungen von oben erledigen. Da der Zwang, in einem von Konkurrenz bestimmten Markt zu überleben, eine ganze Reihe von Optionen zur Verbesserung der Qualität am Arbeitsplatz ausschließt, werden Arbeiter zunehmend bereit sein, die am Ertrag orientierten Kalkulationen den angeheuerten Profis zu überlassen.[104]

Der gezähmte Markt: Geschichte eines Scheiterns

Vieles an Wagenknechts Vorschlägen ähnelt der Wirtschaftsordnung der frühen Bundesrepublik, einer Phase, in der die soziale Marktwirtschaft noch eine fassbare Realität zu sein schien.[105] Die Frage ist jedoch: Warum ging diese Welt unter? Warum verlor insbesondere die Sozialdemokratie, die den Kapitalismus mit Reformen domestizieren konnte, ihre politische Kraft? Waren es nur, ähnlich wie bei der DDR, externe Kräfte – in diesem Fall ein profithungriges transnationales Kapital –, die das Ende dieser Welt besiegelten?

Wagenknecht scheint in diese Richtung zu denken, weswegen es nur konsequent ist, dass man, um eine reformierte Marktwirtschaft vor dem erneuten Untergang zu bewahren, den Einfluss externer globaler Kräfte national abschirmt.

Doch es lohnt, genauer hinzuschauen. Der heutige Zustand ist nicht das Ergebnis eines rein ökonomischen Prozesses, ausgelöst durch einen vermeintlich gesetzmäßigen Nachfragemangel im Kapitalismus. Er ist vielmehr das Resultat der Macht der Kapitalseite, den Kompromiss mit der Arbeiterseite in den 70er Jahren einseitig beenden zu können, ohne dass sich nennenswerter Widerstand dagegen formieren konnte. Daher hat der Untergang des »gezähmten Kapitalismus« und mit ihm einige zentrale sozialdemokratische Reformerfolge, die Ende des 20. Jahrhunderts zurückgedreht werden konnten, keineswegs, wie immer wieder geäußert wird, mit dem Erfolg der Reformen zu tun. Das Scheitern hat nicht mit einem immer humaner wirkenden Kapitalismus zu tun, so dass alle ihn schließlich als das beste Wirtschaftssystem akzeptierten. Vielmehr war es so, dass die Reformen nicht erfolgreich genug waren. Denn erfolgreiche soziale Reformen stimulieren das Bewusstsein der Menschen, dass eine andere, nicht auf Wettbewerb, Gewinnen und Gier aufgebaute Wirtschaft und Gesellschaft möglich ist. Reformerfolge legen die Basis für weitere Reformen und stärken die Macht der Arbeiterseite.

Sozialdemokraten akzeptierten demgegenüber im Verlauf des letzten Jahrhunderts die Notwendigkeit eines Systems, das auf Konkurrenz und Gier beruht. Rückschritte wurden zunehmend kampflos hingenommen, während die Gewerkschaften die Machtstellung des Kapitals nicht mehr in Frage stellten.

Damit verlor die Sozialdemokratie ihre Perspektive auf das, was ökonomische Demokratie und Gerechtigkeit sein sollten. Sie ersetzte Stück für Stück Forderungen nach authentischer Demokratisierung in den Betrieben durch »Souveränität von Konsumenten und Produzenten« und betriebliche Mitbestimmung. Lohnforderungen wurden an die Produktivität gekoppelt und als Vorwand genommen, sich anderen Wählerkreisen zuzuwenden, den »Leistungsträgern« der »Neuen Mitte«. Die grundsätzliche Kritik an Märkten, bürokratischer Planung in Konzernen und politischen Interventionen von staatlicher Seite verschwand. Westlicher Imperialismus wurde unterstützt, wenn auch rhetorisch die Dritte-Welt-Solidaritätsglocke weiter geläutet wurde. Der Wirtschaftswissenschaftler Robin Hahnel bringt den Erosionsprozess so auf den Punkt:

> »Accepting capitalism in a strategic compromise turned into accepting the ideology that justifies capitalism as well.«[106]

Untersuchungen zeigen zudem, dass das Scheitern des Reformprozesses kein naturgegebenes war. Es wurzelt keineswegs in der Macht globaler Kapitalmärkte, sondern in politischen Entscheidungen.[107] Aber nicht nur aus dem Scheitern der sozialdemokratisch gebändigten Marktwirtschaft in ganz Europa oder dem New-Deal-Kompromiss in den USA sollten Lehren für die Gegenwart gezogen werden. Auch das Schicksal marktsozialistischer Experimente und ihrer spezifischen Dynamik sollte Linken und Progressiven eine Lektion erteilen.

Beispielsweise wurde in Jugoslawien nach der Trennung vom Sowjetblock in den 50er Jahren eine Reihe von marktsozialistischen Reformen eingeführt. Strukturen für eine Partizipation der Arbeiter wurden geschaffen, weit radikaler als das, was Wagenknecht vorschlägt. So konnte eine dezentralisierte Ökonomie aufgebaut, Marktelemente eingeführt und Arbeiterselbstverwaltung befördert werden. Der Staat blieb zwar weiter planend aktiv, koordinierte, setzte Regeln bei den Löhnen und bändigte das Finanzkapital. Banken wurden zu Non-Profit-Agenturen. Aber ansonsten wurden Angebot und Nachfrage über Märkte gesteuert, während den Republiken und Kommunen viele Entscheidungsbefugnisse zugesprochen wurden. Bei all den Reformen wurden dabei die zentralen Bausteine einer Selbstverwaltung der Arbeiter in den Betrieben und soziales Eigentum im Blick behalten.[108]

Das Gesellschaftssystem schien vielversprechend und eine historische Chance für einen wirklichen Sozialismus. In den 60er und 70er Jahren pilgerten westliche Intellektuelle wie Jürgen Habermas, A. J. Ayer, Norman Birnbaum, Lucien Goldmann und Herbert Marcuse nach Jugoslawien und nahmen an den Treffen der »Praxis«-Vereinigung, einer Gruppe von marxistisch-humanistischen Philosophen teil. Es waren Dissidenten, die sich gegen den Stalinismus stellten, und sich mit dem Projekt eines demokratischen Sozialismus identifizierten.

1968 kam es dann zu Studentenprotesten in Belgrad, die soziale Missstände anprangerten. Sie wurden nicht militärisch niedergerungen, Staatschef Josip Broz Tito zeigte in einer Fernsehansprache vielmehr Verständnis für die Anliegen der Demonstranten. Aber er veranlasste gleichzeitig, dass die Universität die »Praxis«-Philosophen entließ, da sie die Studenten »korrumpierten« und »geistig vergifteten«. Das Schicksal der Wissenschaftler, die sogenannten »Belgrade Eight«, zog etwas internationale Aufmerksamkeit auf sich, die aber schnell wieder verschwand.[109]

Ökonomisch entstand ein recht progressiver Marktsozialismus, in Abwendung von der sowjetischen Zentralplanung. Die Selbstverwaltung in Betrieben wurde in Jugoslawien seit den 50er Jahren ausgeweitet und in Vereinbarungen bindend gemacht. Löhne wurden durch progressive Steuern ausgeglichen, um Ungleichheiten zwischen den Betrieben zu reduzieren. Aber trotz Titos Programm und seinen Initiativen, die Entfremdung der Arbeiter von der Produktion durch einen demokratischen, im Gegensatz zum autoritären Sozialismus aufzuheben, entfernte sich die Ökonomie immer weiter von seinem Ideal.

Der zunehmende Marktdruck und die daraus resultierenden ökonomischen Reformen führten in den 70er Jahren schließlich dazu, dass sich die wirtschaftliche Macht zunehmend in den Händen einer Manager- und Technokratenelite konzentrierte. Obwohl sich viele von ihnen aus der kommunistischen Partei rekrutierten, wurde das selbst von der Parteibürokratie als Kontrollverlust gesehen.[110]

Das Ideal des demokratischen Sozialismus wurde schließlich von zwei Seiten ausgehöhlt: Das politische System war zu elitär und autoritär, als dass es mit einer partizipatorischen Demokratie vereinbar gewesen wäre. Zudem wurden Ende der 60er und dann in den 70er Jahren ökonomische Veränderungen eingeführt, die scheitern mussten. Die Reformen verliefen nach dem Modell einer Laissez-faire-Wirtschaft, was Jugoslawien an ausländische Unternehmen auslieferte, mit denen die Betriebe auf dem internationalen Markt nun in »freiem Wettbewerb« konkurrieren mussten. Das führte zu Massenarbeitslosigkeit und hohen Auslandsverschuldungen. Immobilienspekulation und soziale Unterschiede nahmen in der Folge zu. Am Ende stärkte das die isolationistischen Tendenzen in den sechs Republiken der jugoslawischen Föderation, was schließlich zu nationalistischen Bewegungen führte.

Sicherlich ist der Untergang des jugoslawischen Marktsozialismus durch eine ganze Reihe unterschiedlicher Faktoren bedingt. Auch der Aufstieg des globalen Kapitals schränkte den Handlungsspielraum für einen Marktsozialismus ein. Es wurden politische Fehler gemacht, falsche Entscheidungen getroffen.

Aber das Scheitern ist keineswegs nur ungünstigen Umständen und Missmanagement anzulasten, die man in Zukunft besser adressieren könnte, um eine solche Entwicklung zu vermeiden. Der Untergang wurzelt nämlich vor allem in den Triebfedern einer Gesellschaft, die von Staat und Markt dominiert wird. Solange diese Machtzentren nicht in einem ständigen Reformprozess immer weiter abgebaut, ihre Machtreichweite unablässig eingedämmt und demokratisiert werden können – was in Jugoslawien nicht stattfand und von den Eliten verhindert wurde –, werden die Versuche einer »Befreiung« der Arbeiter und Bürger sowie eine faire Balancierung der Wirtschaft, so ambitioniert sie auch betrieben werden, am Ende zerbröseln und die »andere Seite« siegen lassen.

> »If the Yugoslav experience has anything to teach us it is that the impulse to participate in economic self-management of ordinary workers wanes in the context of competitive market dynamics and job structures that empower their managers while disempowering them.«[111]

Auch in China zeigt sich heute, dass mit der Einführung von Märkten – um dem »Sozialismus« einen Schub zu geben, bis er ein ausreichendes ökonomisches Level erreicht hat, so die offizielle Rechtfertigung – antisoziale, Arbeiter drangsalierende Verhältnisse Einzug halten, während kapitalistische Elemente das Ruder übernehmen. Sie tun das mit all ihren schädlichen Effekten: Manager-Autokratie, Entsolidarisierung und Entfremdung der Arbeiter, Profitorientierung, Privatisierung von Gewinnen und Bereicherung durch die Starken, die dann eine Klasse von Technokraten und Eliten hervorbringen (»Roter Adel«).[112]

Es ist eine Illusion zu glauben, man könnte die Kräfte mit einem Reformmodell zähmen. Das zeigen alle Beispiele des letzten Jahrhunderts bis in die Gegenwart hinein, bei denen Reformerfolge errungen und marktsozialistische Experimente erprobt werden konnten. Sie endeten da, wo wir jetzt sind. Es gibt keinen Grund zu glauben, dass das beim nächsten Versuch anders ausgeht.

Markt vs. Zentralplanung – Endstation Sehnsucht?

Wagenknechts einzelne Vorschläge sind für sich genommen sinnvoll und diskussionswürdig. Sie würden eine Dynamik stoppen, die im Moment nur eine Richtung kennt: in den Abgrund. Aber ihr Ansatz, dass mit der Auslöschung des Großkapitals und der Neuordnung der Großunternehmen und Kapitalgesellschaften, also vor allem der DAX-Konzerne, sowie der Entkommerzialisierung der Daseinsvorsorge allein eine andere, nicht auf Egoismus und Unfreiheit aufbauende Wirtschaft und Gesellschaft geschaffen würde, ist ein Illusion. Sie unterschlägt die offensichtlichen Widersprüche und Dynamiken einer Markt- und Wettbewerbsordnung.

1998 sah Wagenknecht im Rückgriff auf die soziale Marktwirtschaft zu Recht eine Illusion:

> »Der freie Konkurrenzkapitalismus, in dem viele kleine Familienunternehmen mit relativ gleichen Ausgangsbedingungen um Marktanteile kämpfen, ist seit einem knappen Jahrhundert Vergangenheit. Solche Utopien bringen uns nicht weiter.«[113]

Doch ist das, was sie vorschlägt, wirklich so verschieden von Konkurrenzkapitalismus ohne Großkapitalisten? Ota Šik, der mit seiner humanen Wirtschaftsdemokratie Wagenknecht inspirierte, bekannte sich jedenfalls offen zum »vollblütigen« Kapitalismus: »Sehen Sie, wir konnten damals nicht alle unsere Ziele voll präsentieren. (…) Also war auch der dritte Weg (während des Prager Frühlings, d. Verf.) ein verschleierndes Manöver. Schon damals war ich davon überzeugt, dass die einzige Lösung für uns ein vollblütiger Markt kapitalistischer Art ist.«[114]

Wagenknecht schließt sich diesem Bekenntnis jedoch nicht an, während sie die Kritik an Marktsystemen übergeht. Zugleich stimmt sie das Lob des Wettbewerbs und der »unsichtbaren Hand des Marktes« an, die einzig »Wohlstand für alle« erzielen könnten:

> »Kreativer Sozialismus hat sich von der Idee des planwirtschaftlichen Zentralismus verabschiedet. Er will mehr Wettbewerb, nicht weniger. Aber dort, wo lediglich Pseudowettbewerb stattfindet, weil natürliche Monopole oder Oligopole ihre Marktmacht zur Wettbewerbsverhinderung einsetzen, ist die öffentliche Hand gefordert. Es gibt Marktwirtschaft ohne Kapitalismus und Sozialismus ohne Planwirtschaft.«[115]

Gibt es wirklich keine Alternative zu Markt und Zentralplanung? Müssen wir uns zwangsläufig zwischen den beiden Varianten entscheiden?

Folgt man dem ökonomischen Mainstream, und das tut Wagenknecht, dann kann nur zwischen diesen beiden Optionen gewählt werden. Ihre Präferenz ist dabei schon früh angelegt und keine Entdeckung der letzten Jahre, obwohl es Akzentverschiebungen gibt, was die Rolle des Staates angeht. Bereits nach dem Fall der Mauer in den 90er Jahren plädierte sie für einen Markt als zentralem Mechanismus, über den Güter und Dienstleistungen verteilt werden sollten, weil er die beste, effektivste Allokations-Variante sei – und nicht die zentralistische Planung.

> »Die Rückkopplung über den Markt bewirkt – wenn sie funktioniert – etwas, was wirklich kein anderer Mechanismus ersetzen kann: daß die Betriebe ständig Signale erhalten, ob ihre Produktion quantitativ und qualitativ der (zahlungskräftigen) Nachfrage entspricht. Daß durch Wettbewerb verschiedener Anbieter ein Druck entsteht, die Kosten zu minimieren, sprich: den Einsatz an natürlichen Ressourcen und Arbeitskraft zu verringern. Also

ein Druck in Richtung Produktivitätssteigerung, der ja die Voraussetzung ist, damit der Lebensstandard sich verbessert.«[116]

Es seien einzig die Milliardenvermögen, so Wagenknecht später, die Markt und Wettbewerb zerstörten und für ihre eigenen Interessen missbrauchten. Es sei die Gier dahinter, die eine demokratische Gesellschaft unmöglich machten. Daher gehörten sie abgeschafft.

Abgesehen davon, dass Märkte generell Demokratie und Gerechtigkeit aushöhlen: Es stimmt keineswegs, dass es keine anderen Optionen zu Zentralplanung und Markt gibt. Wagenknecht ignoriert, wie die meisten Wirtschaftswissenschaftler, die auf dem Tisch liegenden Modelle für eine demokratische Planung der Wirtschaft. Es würde zu weit führen, sie im Einzelnen hier zu besprechen. Daher nur ein paar Hinweise dazu.

Schon 2002 widmete das internationale Wissenschaftsmagazin »Science & Society« eine ganze Nummer den unterschiedlichen Modellen für eine demokratische Planung der Wirtschaft. Neun Ökonomen stellten ihre Konzepte vor und kommentierten die der anderen. Sie teilten dabei den gemeinsamen Ansatz, dass eine partizipatorische Planung an die Stelle von Marktkräften treten sollte – auch wenn es im Einzelnen unterschiedliche Ansichten gab.[117]

Solche Modelle für eine demokratische Planung jenseits von Staat und Markt gehen auf eine Traditionslinie zurück, in der Rätekommunisten wie Rosa Luxemburg, Syndikalisten wie Pjotr Kropotkin oder Anarchisten wie Anton Pannekoek die Vision einer selbstverwalteten Ökonomie entworfen haben. Die Ökonomen wollten der libertären sozialistischen Vision von einer demokratisierten Wirtschaftsordnung, die sie für richtig und anstrebenswert erachteten, ein theoretisches Rückgrat verschaffen. Sie untersuchten auf technischer und ökonomischer Ebene

Fragen, wie eine demokratisch organisierte Abstimmung von Produktion und Konsumption aussehen könnte. Sie analysierten, wie Entscheidungen in partizipatorischen Ökonomien zu treffen wären, wie welche Pläne zustande kommen sollten oder auf welche Weise Effizienz garantiert werden könnte.

Das am stärksten ausgearbeitete Modell war das von Robin Hahnel und Michael Albert. Sie hatten bereits 1991 zwei Bücher zur politischen Ökonomie einer partizipatorischen Wirtschaft publiziert, die in der Folge breit diskutiert wurden.[118]

In ihren Entwürfen untersuchten die beiden US-amerikanischen Ökonomen und Kapitalismuskritiker en détail die einzelnen partizipatorischen Abläufe unter realistischen Vorgaben und reflektierten dabei auch praktische Aspekte, die in theoretischen Modellen meist außen vor gelassen werden.

Das Modell, das sie Parecon (kurz für »Participatoy Economics«) nennen, basiert auf drei Prinzipien: 1. ökonomische Gerechtigkeit oder Gleichheit im Sinne von ökonomischer Entlohnung nach Dauer und Schwere der Arbeit, 2. ökonomische Demokratie oder Selbstverwaltung, bestimmt als Entscheidungsmacht im Verhältnis zum Grad, in dem jemand von einer Entscheidung betroffen ist, 3. Solidarität, also Sorge um die anderen, Respekt vor unterschiedlichen ökonomischen Lebensstilen, ohne dafür Effizienz zu opfern.

Gemäß dieser Prinzipien wurden vier Hauptinstitutionen für eine partizipatorische Wirtschaft ausgearbeitet: 1. demokratische Arbeiter- und Konsumentenräte, die sich austauschen und miteinander kooperieren, 2. ausbalancierte Arbeitsplätze, die möglichst gleichmäßig und kooperativ die Arbeiten aufteilen, so dass alle befördert und Raum für Kreativität erhalten, 3. Bezahlung nach Dauer und Schwere der Arbeit, die innerbetrieblich festgelegt werden sollte, 4. Partizipatorische Planung, also ein Vorgang, in dem die Räte und Föderationen von Arbeitern und Konsumenten ihre jeweiligen Aktivitäten vorschlagen und nach Regeln überarbeiten, die effiziente und zugleich gerechte Ergebnisse befördern.

Die partizipatorischen Planungsvorgänge werden dabei von den Autoren im Einzelnen ausgebreitet, diskutiert und an praktischen Beispielen erprobt sowie technisch ausbuchstabiert. Die Produktion und Verteilung der Güter und Dienstleistungen würde demnach nicht zentral geplant oder über Wettbewerbsmärkte und daraus hervorgehende Preise gesteuert. Angebot und Nachfrage treten vielmehr über direkte Rückkopplungen in Beziehung. So stimmen sich die Arbeiter- und Konsumentenräte untereinander in einem geordneten, von Fairness- und Effizienzkriterien angeleiteten, mehrstufigen Prozess ab, rein technisch gesteuert über ein »Iteration Facilitation Board« (IFB), das Angebot, Nachfrage und Preise immer wieder neu errechnet.[119]

Aus den kontinuierlichen Feedbacks – im Prinzip Bedarfslistungen und Preisangleichung – ergibt sich in einem Prozess, wer was produzieren kann und wer was verbrauchen darf. Der Abstimmungs- und Kooperationsvorgang startet dabei mit »indikativen Preisen« für alle Güter und Dienstleistungen, die sich im Verlauf ändern, je nach den Bedürfnissen und produktiven Möglichkeiten. Aber wichtig ist, dass die Arbeiter und Verbraucher kooperativ die Produktion und Allokation von Waren und Leistungen steuern – weder der Markt noch der Staat, weder Wettbewerb noch Zentralplanung sind notwendig.

Das Modell ist in den vergangenen fast drei Jahrzehnten stark diskutiert worden. Albert und Hahnel haben, in Reaktion auf Fragen und kritische Einwände, das Modell weiter erläutert, an manchen Stellen präzisiert. Sicherlich, es ist ein Modell und wird in der Praxis bestehen müssen. Es wird nie in Reinform umgesetzt werden und auch nicht unbedingt alle Bereiche der Wirtschaftstätigkeit bestimmen müssen. Eine neue Wirtschaftsordnung wird ja, wie Wagenknecht zu Recht sagt, nicht »vom grünen Tisch« aus gemacht. Aber die Vorschläge für eine demokratische Planung einer Wirtschaft zeigen, dass man sich weder Markt noch zentraler Planung schicksalhaft ergeben muss.

Es könnte eine Inspiration sein, die weiteres Nachdenken anregt. Vor allem macht es deutlich, dass das TINA-Prinzip (»There Is No Alternative«) bezüglich Markt und staatlicher Zentralplanung nicht zutrifft. Es gibt ausformulierte Alternativen, die den Vorstellungen von libertären Sozialisten, Anarchosyndikalisten und zahlreichen Selbstverwaltungsprojekten folgen sowie an das anschließen, was bis in die Gegenwart hinein an demokratischer Selbstverwaltung bereits umgesetzt werden konnte.

So haben Arbeiter im Zuge der diversen Wirtschaftskrisen der 80er Jahre in verschiedenen Ländern Unternehmen übernommen und selbst verwaltet. In Argentinien bildete sich nach der Wirtschaftskrise 2001 die »Fábricas Recuperadas«-Bewegung. Die Beschäftigten betrieben die Fabriken weiter, die von den Besitzern und dem Management nach dem Bankrott außer Betrieb genommen wurden, und organisieren sie in verschiedenen Ausformungen als Kooperativen.

In Venezuela fand 2005 das erste »Encuentro Latinoamericano de Empresas Recuperadas« (»Lateinamerikanisches Treffen wiederhergestellter Unternehmen«) mit Vertretern von 263 Betrieben aus unterschiedlichen Ländern statt. In Brasilien erschuf die »Solidarische Ökonomie« ein alternatives Modell jenseits kapitalistischer Organisation, mit allen Schwierigkeiten, die das in armen lateinamerikanischen Landstrichen beinhaltet. Auch die Deindustrialisierung in den USA ließ im »Rust Belt«, aber auch in den von Latinos und Schwarzen bewohnten Ghettos, Tausende von »Worker Cooperatives« entstehen. In Griechenland fand im

Zuge der Eurokrise eine Reihe von Fabrikübernahmen statt. Gemeinschaftlich organisierte Betriebe füllen jetzt oft die Lücke, die private Investoren und der Staat in Südeuropa hinterlassen haben.

Großflächig umgesetzt wurde die Idee einer von den Arbeitenden selbst betriebenen Wirtschaft während des »kurzen Sommers der Anarchie« (Hans Magnus Enzensberger) in der Spanischen Revolution von 1936 bis 1939. Einfache Arbeiter und Bauern übernahmen in Katalonien und dessen Hauptstadt Barcelona die Produktion und die Versorgung.

Die Kommunisten wie die Kapitalisten sahen darin eine große Gefahr und bekämpften die Systemalternative erfolgreich von beiden Seiten. Spanien war zu Zeiten der anarchistischen Revolution in weiten Teilen noch vorindustriell. In den israelischen Kibbuzen in Palästina war die Situation eine andere. Sie zeigen, dass auch eine weit entwickelte industrielle Produktion in Form einer Selbstverwaltung effizient betrieben werden kann.

Zumindest sollte klar sein, dass Märkte, wenn überhaupt, nur eine sehr begrenzte Rolle in einer Gesellschaft spielen sollten, weil es andere, bessere Mechanismen gibt. Eine demokratisch geplante Ökonomie könnte dabei positive Aspekte von Märkten wie die Signalfunktion von Preisen, wenn sie die Bedürfnisse und Präferenzen der Menschen wiedergeben, oder »Consumer Choice« übernehmen, aber nur da, wo sie Sinn ergeben und von den Arbeitern selbst kontrolliert werden, sowie in einer Weise, die die Kooperation nicht beschädigt.

6. Erst kommt das Fressen, dann die Moral

Sahra Wagenknecht ist in ihren ökonomischen Analysen eine der Klarsten und Sachkundigsten im Land – bei gleichzeitiger nicht-ideologischer Neugier, was sehr selten ist –, während sie fähig ist, das Feingewebe der Volkswirtschaft mit politisch progressiven Ideen zu verbinden. Das ist politische Ökonomie im besten Sinne. Überraschend ist auch immer wieder ihre breite Detailkenntnis. Viele ihrer Reformvorschläge sollten besser heute als morgen umgesetzt werden, um die kapitalistischen Exzesse bändigen zu können – Reformvorschläge, die von echten Sozialdemokraten und New-Dealern vertreten werden und bei Bernie Sanders und Jeremy Corbyn in den USA und Großbritannien anzutreffen sind.

So wäre es für eine fairere und stabilere Volkswirtschaft sinnvoll, das umzusetzen, was Wagenknecht fordert. Das bedeutet, das Lohndumping und die Aushöhlung der Arbeitsstandards zurückzudrehen, die Mindestlöhne deutlich zu erhöhen, das Rentensystem wieder gänzlich auf Umlagefinanzierung umzustellen, die Banken zu öffentlichen Geschäftsbanken zu transformieren und die Spekulationsmöglichkeiten damit einzudämmen. Die Staatsschulden könnten größtenteils abgeschrieben und über Vermögensabgaben refinanziert werden, und zukünftige Kredite können direkt über die EZB laufen. Auch ein Ausbau des erodierten Wohlfahrtsstaats, mehr Geld für ein gerechteres Bildungssystem und einen klimaneutralen Infrastrukturausbau sollten kaum strittig sein, um eine Gesellschaft in eine bessere Zukunft zu führen.

Wie gezeigt, gibt es bei Wagenknechts Vorschlag für einen echten Systemwechsel, der den Kapitalismus hinter sich lassen will, Leerstellen und Widersprüche. Das liegt in der Natur der Sache, im Versuch, Reform und Revolution, Dialog und Rebellion, Realpolitik und Utopie auf einen Nenner zu bringen und einen realistischen Pfad in eine bessere Zukunft zu bieten.

Die Reformen und die gesellschaftliche Neugestaltung müssen schließlich im demokratischen Durcheinander und improvisierend durchgesetzt, erprobt und weiterentwickelt werden. Sie müssen in der Realität bestehen und von den Menschen gegen Anfeindungen auch verteidigt werden. Ein fundamentaler Wandel wird daher makroökonomisch nur stattfinden, wenn er von unten erwirkt und gestaltet wird.

Ökonomie gegen Freiheit

Doch etwas anderes ist bedenkenswert. So haben wir bereits feststellen können, dass Wagenknechts sozialistischer Gegenentwurf zur Überwindung des Kapitalismus Ungleichheit und Ungerechtigkeit weiter akzeptiert und Institutionen im Zentrum der Gesellschaft belässt, die Demokratie aushebeln, Kapitalkonzentration und damit Macht verstärken sowie mit libertären Vorstellungen kaum in Einklang zu bringen wären.

Es geht um die Frage, warum Wagenknecht mit ihrem politisch-ökonomischen Programm gegen Werte verstößt – und das als gut und alternativlos hinstellt –, die sie doch eigentlich hochhält, wie Demokratie, Gerechtigkeit und faire Behandlung statt Macht des Stärkeren, kooperativer Geist statt Konkurrenzdenken, Solidarität und Mitgefühl statt Egoismus. Warum sind dann diese von ihr beschworenen Werte keineswegs, wie gesehen, unverrückbare Grundsteine ihrer politischen Ökonomie?

Sie spricht zwar immer wieder davon, dass die, die von Entscheidungen betroffen seien, diese auch fällen sollten.

Sie spricht von Gerechtigkeit, Freiheit, einer Welt jenseits von Egoismus. Aber in ihrer neuen Wirtschaftsordnung gibt es nicht einmal für Selbstverwaltung einen Platz. Sie verweist zwar auf mehr betriebliche Mitbestimmung, aber das ist das altbekannte Feigenblatt, das von den Machtinsignien der Führungsebene und den Wettbewerbsmärkten regelmäßig hinweggeweht wird. Oder dürfen die Arbeiter in einem Industriekonzern zukünftig ungehindert Einblick in die Geschäftstätigkeit, Zahlen, Bilanzen und Investitionen erhalten, über die Auswirkungen der Produktion beraten sowie alle wesentlichen Entscheidungen frei treffen? Dürfen sie ihren Arbeitsplatz selber organisieren, ohne von der Führungsebene das Okay dafür zu bekommen?

Der Grund für den Widerspruch ist, wie im Folgenden erläutert werden soll, dass Werte wie Freiheit, Gleichheit und Solidarität bei Wagenknecht in ein enges Korsett eingespannt sind und ihre politische Ökonomie zwar anleiten und begleiten, aber keineswegs die obersten und grundlegenden Werte sind. Der bestimmende Faktor in ihrer politischen Ökonomie ist Reichtumsproduktion, »Wohlstand für alle« sowie soziale Sicherheit und staatlich garantierte Ordnung. Daraus ergeben sich die grundsätzlichen Spannungen und Aporien in ihrem Denken.

Weiterhin ist Wagenknecht der Meinung, dass nur eine von »klugen Köpfen« und den »Besten« gesteuerte Leistungsgesellschaft eine Industrienation mit maximalem Output hervorbringen kann. In den 90er Jahren schwebte ihr eine reformierte DDR mit mehr Innovation, Unternehmertum und Markt vor. Heute ist es die wiederbelebte soziale Marktwirtschaft in einer Art Update-2.0-Version, um das industrielle Wohlstandsziel (wieder) zu erreichen. Andere Werte müssen sich dem unterordnen. Denn, so ihre Überzeugung: »Erst kommt das Fressen, dann die Moral«.

Werte wie Demokratie, Freiheit, Gerechtigkeit und Kreativität stehen in Wagenknechts politischer Ökonomie unter

Wohlstandsvorbehalt. Damit ist Wagenknecht keineswegs allein. Es handelt sich dabei um die verbreitete Haltung, die wie ein Mühlstein um linke Debatten zu hängen scheint und eine Denktradition in sich trägt, die im Kapitalismus ihre reaktionärsten Blüten hervorbrachte: Der Mensch ist nur das wert, was er an Arbeitskraft auf dem Markt erhält. Er ist Anhängsel eines Wirtschaftssystems, das auf Mehrwertproduktion ausgerichtet ist – für eine kleine Schar extrem reicher Kapitalgeber. So die klassische ökonomische Theorie, wie sie im 19. Jahrhundert aufkam.

Wagenknecht steht freilich am entgegengesetzten Ende des Spektrums. Bei ihr stellt sich die Unterordnung libertärer Werte unter die wirtschaftlichen in einer radikal-linken und sozialen Ausprägung dar, der progressivste Posten der ökonomistischen Sichtweise. Aber, wie der historische Materialist Walter Benjamin in den 20er Jahren formulierte: Im Extrem kommt die Idee einer Denkweise viel klarer zum Ausdruck als im lauen Durchschnitt. Schauen wir uns also Wagenknechts Koordinatensystem, politische Ökonomie und die darin enthaltenen Widersprüche vor diesem Hintergrund genauer an.

Die Unterordnung liberaler Ideale unter ökonomische Zwänge ist bei ihr an vier zentrale Annahmen gebunden:

Freiheit, Kreativität, Kooperation, Solidarität und Demokratie sind erstens zwar wichtige Werte, aber keine Werte an sich, sondern gebunden an die materielle Basis, von der aus sie erst ihre Kraft erhalten. Erst ein zu verteilender »Wohlstand« ermöglicht ihre Entfaltung. Das sei auch die Mehrheitsmeinung der Menschen. Ende der 90er Jahre stellte sie bereits fest:

»Es geht darum, ob soviel produziert wird, wie beim heutigen Stand der Technik mit den vorhandenen Arbeitskräften – sozial und ökologisch verantwortbar – produziert werden könnte. Oder ob das bestehende

Wirtschaftssystem die Ressourcen so verteilt, daß das Produktionsergebnis weit hinter dem Möglichen zurückbleibt.«[120]

Und sie fährt fort, dass ein »ökonomisch unterentwickelter, seinem Gegner an Produktivität unterlegener Sozialismus auf Dauer kaum Überlebenschancen hat«.[121]

Die zweite Annahme ist, dass Kapitalismus zwar in seinem Wesen unmenschlich ist, aber zugleich enorm produktiv wirtschaftet. Er hat tatsächlich viel Reichtum und Wohlstand schaffen können. Es gehe nun darum, diese Produktivkräfte in die richtigen Bahnen zu lenken. Das kann verschiedene Formen annehmen wie einen ausgleichenden Wohlfahrtsstaat, diverse staatliche Regelungen und Auflagen bis hin zu einer marktsozialistischen Transformation. Wagenknecht lehnt zwar den Kapitalismus als System ab, aber keineswegs seine innersten Triebfedern. In »Reichtum ohne Gier« bringt sie es so auf den Punkt:

»Wir brauchen eine Wirtschaft, in der tatsächlich Talent und Leistung belohnt und Menschen mit Ideen, Power und Geschäftssinn in die Lage versetzt werden, Unternehmen zu gründen, auch dann, wenn ihnen nicht der Zufall der Geburt ein reiches Erbe in die Wiege gelegt hat.«[122]

Drittens seien Industrieökonomien ausdifferenzierte und komplexe Systeme und bedürften daher der Steuerung von oben. Um eine leistungsfähige Ökonomie aufzubauen und zu befördern, bedürfe es einer Elite, die die Fähigkeiten, das professionelle Training und den Überblick haben, um die Richtung vorzugeben.

Die vierte These ist schließlich, dass ohne Leistungsanreiz und Lohndruck, ohne Konkurrenz und Gegeneinander, ohne Selektionsmechanismen und Auswahl, die Menschen in unterschiedliche Klassen einteilen, Ressourcen verschwendet würden. Dadurch würde die effektive Steuerung des ökonomischen Systems erodieren und der Output unter seinen Möglichkeiten verbleiben.

Schon in den 90er Jahre bekräftigt Wagenknecht in Interviews, dass, wenn »Leistung nicht motiviert ... sie auch nicht erbracht« würde.

>»Natürlich braucht auch eine sozialistische Wirtschaft Leistungsstimulierung. Aber nicht von der heutigen mörderischen Art. Sondern im Rahmen eines für alle gesicherten Grundstandards, der menschenwürdig ist. Also bei heutigem Preisniveau keine Löhne unter 2500 DM netto. Inklusive gesichertem Arbeitsplatz. Nach oben sollten Entlohnung und Lebensstandard sich allerdings nach der individuellen Leistung richten. Es geht um soziale Sicherheit und Chancengleichheit, nicht darum, daß jeder das gleiche Einkommen bezieht. Das wäre undurchführbar. Denn dann verschwindet jeder Anreiz. Daß (sic) das nicht funktioniert, hat sich in der Vergangenheit gezeigt.«[123]

Die durchgestrichene Vision: Wagenknechts politische Ökonomie

Man sieht also, wie mit diesen Voraussetzungen eine politische Ökonomie entstehen muss, in der die liberalen Werte an Institutionen gebunden werden, die ihnen dem Wesen nach widersprechen. Nun lässt sich einwenden, dass eine geordnete und soziale Marktwirtschaft allemal besser sei als der neoliberal entsicherte Kapitalismus. Das stimmt natürlich. Aber Wagenknecht diskutiert ja nicht mögliche Reformmaßnahmen, um ein an sich falsches System zu bändigen, sondern einen progressiven, ganzheitlichen und großen »Gegenentwurf«, einen Sozialismus, »der fundamental und realistisch ist, der umstürzt, was umgestürzt werden muss, aber zugleich bewahrt, was den meisten zu recht lieb und teuer ist«.[124]

Sie lobt freie Märkte, innovative Unternehmer, die reich werden wollen und das daher auch dürfen, das Privilegien erzeugende Leistungsprinzip, die Einteilung in Arbeiter- und Koordiniererklassen, die Konzentration von Entscheidungsbefugnissen auf Führungsebenen oder das Konkurrenzprinzip. Im Interviewband »Couragiert gegen den Strom« heißt es 2017 zum Beispiel:

> »Ich war zum Beispiel lange Zeit der Meinung, dass Konkurrenz als konstitutives Prinzip der Wirtschaft überwunden werden sollte, weil der Mensch dadurch in seinen Mitmenschen Gegner sieht, was einem solidarischen Miteinander entgegensteht. Irgendwann habe ich begriffen, dass jede vernünftige Wirtschaft Wettbewerb braucht. Aber er muss fair sein, das heißt so, dass wirklich die überlegene Leistung den Ausschlag gibt und man sich Vorteile nicht durch Marktdominanz oder ähnliches erschleichen kann.«[125]

Sie hängt zudem einer Position an, die auf eine politisch-strategische Ansicht von Karl Marx im Kommunistischen Manifest zurückgeht. Danach sollten die Arbeiter in einem ersten Schritt die bürgerliche Demokratie und Staatsmacht an sich reißen und die alten Produktionsverhältnisse dann in einer Art »Diktatur des Proletariats« aufheben. Bei Wagenknecht findet sich dieser Gedanke wieder, allerdings nicht mehr als Aneignung in einem Kampf von unten, sondern als links-parlamentarische Strategie, unterstützt von Arbeitern, die im Zuge einer Eigentumsrechtsreform wieder an die politisch-ökonomischen Schalthebel gebracht werden sollen. Was allerdings, wie wir gesehen haben, in Wagenknechts Wirtschaftsordnung gar nicht geschieht.

Denn die Macht verbleibt zu wesentlichen Teilen bei der Koordiniererklasse, die die Steuerung der Ökonomie nun übernehmen soll.

Libertäre Sozialisten und Linksmarxisten haben den von Marx vorgeschlagenen Schritt, aus meines Erachtens nicht von der Hand zu weisenden Gründen, abgelehnt. Sie glaubten nicht an einen »Übergang« oder »Zwischenstadium« zum Sozialismus.

Beispielsweise warnte der russische Sozialist und Anarchist Michail Bakunin, dass, selbst wenn ein Staat von der Bevölkerung befürwortet werde und sich als populär, »proletarisch« oder als »Volksstaat« rechtfertigen lasse, die Menschen sich nicht besser fühlen, wenn der Knüppel, mit dem sie geschlagen werden, »Volksknüppel« genannt wird. Hiermit ist die demokratische Republik gemeint. Genau das hat sich im Staatssozialismus wie im Staatskapitalismus bewahrheitet. Die Intellektuellen haben schließlich die jeweilige Aufgabe übernommen, mit populären Rhetoriken von Demokratie, Sozialismus, Freiheit, Gleichheit, Menschenrechten und so weiter die Bevölkerungen auf Linie zu halten.

Daher war Bakunin wie viele andere der Meinung, dass in einem revolutionären Moment der Staat mit in den Abgrund gerissen werden sollte:

»No state, however democratic – not even the reddest republic – can ever give the people what they really want, i. e., the free self-organization and administration of their own affairs from the bottom upward, without any interference or violence from above, because every state, even the pseudo-People's State concocted by Mr. Marx, is in essence only a machine ruling the masses from above, through a privileged minority of conceited intellectuals, who imagine that they know what the people need and want better than do the people themselves.«[126]

Die Menschen würden sich zudem, so Bakunin, vom Staat immer mehr entfremden, je komplexer er werde. Diese Entfremdung ist in allen Ländern, ob nun staatssozialistisch oder staatskapitalistisch organisiert, auf die ein oder andere Art zu erkennen, während die intellektuelle Klasse für die Bevölkerungskontrolle sorgt. Die Bürger sehen daher im Staat ein fremdes Wesen, das sie mit Steuern und Regulierungen aussaugt und drangsaliert.[127]

Bei Marx sollte aus dem klassenlosen Staat organisch seine Überwindung hervorgehen. An die Stelle der bürgerlichen Gesellschaft mit ihren Klassen und Klassengegensätzen »tritt eine Assoziation, worin die freie Entwicklung eines jeden die Bedingung für die freie Entwicklung aller ist«.[128] Bei Wagenknecht fällt diese libertär-sozialistische Vision weg. Auf die Frage zum Kommunismus wehrt sie daher ab:

»Für Marx war der Kommunismus eine ferne Utopie, eine humane Gesellschaft, in der es kein Geld mehr gibt, weil jeder sich nur das holt, was er braucht, und alle solidarisch miteinander umgehen. Auch Marx wusste, dass so nicht die unmittelbare Alternative zum Kapitalismus aussehen konnte.«[129]

Aber Marx wusste, dass die Alternative eine klassenlose Gesellschaft sein müsse, nicht eine von Managern und privaten Unternehmern gesteuerte Wettbewerbsökonomie wie bei Wagenknecht, die sich notwendig in eine freie, von unten assoziierte transformieren müsse, um die Menschen letztlich von illegitimen Zwängen zu befreien. Das Lob einer Marktökonomie hat schließlich mit Marx' Prinzipien, die er an eine sozialistische Gesellschaft knüpfte – über die er im Übrigen an sich wenig schrieb –, kaum mehr etwas zu tun.

Die Streichung der Vision ist keine Formalie. Auch geht es keineswegs um einen Wettbewerb, wer nun der Linkste ist. Aber indem Wagenknecht ihr Sozialismusmodell auf reformierte Eigentumstitel und eine Verteilungsfrage reduziert, läuft sie in die Falle, in der die Sozialdemokratie schon seit über hundert Jahren gefangen ist.

Neuauflage: Reformismus 2.0

Rosa Luxemburg zeichnete Ende des 19. Jahrhunderts mit »Sozialreform oder Revolution?« ein scharf umrissenes Porträt dieser verfehlten politischen Strategie und warnte, dass mit der Ersetzung der Vision durch Reformen der Kapitalismus letztlich vor seinen eigenen Widersprüchen geschützt werde. Sie kritisierte die Vordenker des Strategiewechsels, wie sie sich in Gestalt von sozialdemokratischen Theoretikern und politischen Ökonomen wie Eduard Bernstein und anderen zeigte. Bei ihnen sei Sozialreform nicht mehr Taktik, sondern Zweck an sich. So mutiere der Reformweg zum Endziel der Arbeiterbewegung. Dabei legt Luxemburg auch frei, wie Linke sich derart mit dem herrschenden System arrangierten und an die Stelle der proletarischen die kleinbürgerliche Gesellschaftsreform trete, während die Hoffnung auf einen wirklichen Systemwechsel als unrealistisch entsorgt werde.[130]

Die Einsicht Luxemburgs, dass Revolution und Reform zwar aufeinander bezogen sind, aber in gänzlich anderen Sphären siedeln, findet bei Wagenknecht keinen Widerhall.

»Die gesetzliche Reform und die Revolution sind also nicht verschiedene Methoden des geschichtlichen Fortschritts, die man in dem Geschichtsbüfett nach Belieben wie heiße Würstchen oder kalte Würstchen auswählen kann, sondern verschiedene Momente in der Entwicklung der Klassengesellschaft, die einander ebenso bedingen und ergänzen, zugleich aber ausschließen, wie z. B. Südpol und Nordpol, wie Bourgeoisie und Proletariat.«[131]

Viele Kritikpunkte Luxemburgs treffen, wenn auch in anderer Form und unter veränderten historischen Bedingungen, ebenfalls auf Wagenknechts Sozialismus-Strategie zu. So weist Luxemburg darauf hin, dass die Reformisten den Klassenbegriff durch die Kategorien »reich« und »arm« ersetzten. Die soziale Vision schrumpfe dabei auf die Hebung des Lebensstandards der Arbeiter, während die kapitalistischen Grundverhältnisse im Inneren nicht mehr in Frage gestellt würden. So sei auch die »Theorie der stufenweisen Enteignung« durch eine Ausdehnung von gesellschaftlichem Eigentum und der Beschränkung der Rechte der Kapitalisten auf Nutznieß- und Verwaltungsrechte, wie sie von der Reformfraktion vertreten würden, eine Schein-Lösung.

Diese übersähe, dass sich im Kapitalismus die Anteilsansprüche an und Verteilung von gesellschaftlichem Reichtum »nicht in Splittern des Eigentumsrechts an einem gemeinsamen Objekt«, sondern durch Austausch »in dem von jedermann zu Markte gebrachten Wert« vollzögen. Im Klartext: Den Wettbewerbs- und den Marktgesetzen ist es egal, wer Eigentümer ist. Auch werde damit gar keine »gesellschaftliche Kontrolle« erreicht. Auch die von Gewerkschaften erkämpften Verbesserungen wie erhöhter Arbeitsschutz in den Betrieben stellten keinen Eingriff in die kapitalistische Ausbeutung dar, sondern betrieben lediglich ihre Normierung und Ordnung.[132]

Gleichzeitig würden die Reformisten mit den von ihnen vorgeschlagenen Produktivgenossenschaften und durch eine Einführung »wirtschaftlicher Demokratie« im industriellen Sektor durch Gewerkschaftsarbeit vorgeben, dem kaufmännischen und industriellen Profit an den Kragen zu gehen. Doch auch das seien nach Luxemburg hilflose Korrekturanstrengungen, da die destruktiven Triebkräfte damit keineswegs auf Eis gelegt würden.

> »In der kapitalistischen Wirtschaft beherrscht aber der Austausch die Produktion und macht, angesichts der Konkurrenz, rücksichtslose Ausbeutung, d. h. völlige Beherrschung des Produktionsprozesses durch die Interessen des Kapitals, zur Existenzbedingung der Unternehmung.«[133]

Es sei schließlich egal, ob die Arbeiter »sich selbst gegenüber die Rolle des kapitalistischen Unternehmers zu spielen« hätten. »An diesem Widerspruche geht die Produktivgenossenschaft auch zugrunde, indem sie entweder zur kapitalistischen Unternehmung sich rückentwickelt, oder, falls die Interessen der Arbeiter stärker sind, sich auflöst.«
Das ist eine Prognose, die sich tausendfach belegen lässt, zum Beispiel an dem tatsächlich von Arbeitern besessenen Konzern Mondragon in Nordspanien, der wie andere Unternehmen ausbeutet und outsourct und Löhne und Arbeitsbedingungen in engen Grenzen halten muss, trotz vieler Verbesserungen. Auch die Mitarbeiter KG der Spiegel Mediengruppe hat aus dem Konzern keine antikapitalistische Graswurzelorganisation gemacht und authentische Kontrolle der Journalisten ermöglicht. Die Diversifizierung von Eigentumstiteln, ohne den Wettbewerbsmarkt selbst anzutasten, wie Wagenknecht vorschlägt, ist daher eine Reform, die für sich sinnvoll sein kann im Kampf um mehr Rechte, aber keine neue Wirtschaftsordnung etabliert, die an den ökonomischen Fundamentaldaten und elementare Rechte aushebelnden Marktkräften etwas ändert.
Die reformerische Strategie hielt Rosa Luxemburg vor über hundert Jahren für opportunistisch, revisionistisch und schädlich. Natürlich sei es Aufgabe der Sozialdemo-

kratie, Reformen zu unterstützen, betont Luxemburg immer wieder, um die Lage der Arbeiter zu verbessern. Aber dabei müsse die Richtung klar sein. Es müsse darum gehen, im gesellschaftlichen Kampf um grundlegende Veränderungen die Konsequenzen der Entwicklung »auf die Spitze zu treiben, worin das Wesen jeder revolutionären Taktik überhaupt besteht«. Der Reformismus will die Widersprüche nicht zur vollen Reife kommen lassen, sondern versuche, »ihnen die Spitze abzubrechen, sie abzustumpfen«.

An die Stelle des Endziels trete dabei eine Reformpolitik, die »in den kapitalistischen Erscheinungen selbst die Gegengifte gegen die kapitalistischen Übel« suche. Die Theoretiker glaubten, »die kapitalistische Wirtschaft zu regulieren«, aber das laufe »in letzter Linie auf eine Abstumpfung der kapitalistischen Widersprüche und Verkleisterung der kapitalistischen Wunden, d. h. mit anderen Worten auf ein reaktionäres statt revolutionäres Verfahren, und damit auf eine Utopie hinaus«. Es sei »eine Theorie der sozialistischen Versumpfung, vulgärökonomisch begründet durch eine Theorie der kapitalistischen Versumpfung«. Der Reformismus habe den Glauben an eine wirkliche Veränderung längst aufgegeben.[134]

Sicherlich gibt es Unterschiede zwischen Wagenknechts »kreativem Sozialismus« und der Reformtheorie. Es liegen immerhin über hundert Jahre dazwischen. Damals ging es um den Aufbau einer erstarkenden Arbeiterbewegung gegen einen entfesselten und brutalen Marktkapitalismus. Sie gipfelte in einer Bewegung, die immer schlagkräftiger wurde und in ihrer Geschlossenheit und Radikalität durchaus eine Gefährdung für die Industriellen, Kapital- und Fabrikbesitzer, Händler und Unternehmer darstellte. Seit dem Zweiten Weltkrieg verbesserte sich zudem die Lage für die Beschäftigen in vielen Industriestaaten, dank industriellem Aufschwung, Wohlfahrtsstaatsund einer Reihe von demokratisch erkämpften Rechten.

Für manche mag die Kritik an der reformerischen »Versumpfung« des Kapitalismus in den Industrienationen seit den 50er Jahren im Angesicht des gesellschaftlichen Wohlstands und gehobenen Lebensstandards als überholt erscheinen. Doch man sollte bedenken, dass der Zustand, in dem wir uns heute befinden, gerade deren Resultat ist. Luxemburg hat früh erkannt, dass Reformismus das Leben des Kapitalismus verlängern wird, ihn vor seinem Tod schützt, so dass er weiter Kraft ansaugen kann.

In den letzten vierzig Jahren sind viele Errungenschaften rückgängig gemacht worden. Heute schlittert die kapitalistische Ökonomie, wie Wagenknecht eindringlich und sachkundig schildert, von einem Systemcrash zum nächstgrößeren, bei ständiger sozialer und politischer Aushöhlung der Gesellschaft. Und das ist, wie wir schon sehen konnten, direktes Ergebnis des Erlahmens der Reformbestrebungen, gerade weil sich Linke, Gewerkschaften und Sozialdemokratie mit den Triebkräften des Systems arrangierten. Der Reformismus hat das antikapitalistische Schwungrad, die sozialistische Vision geschwächt und letztlich aus dem gesellschaftlichen Bewusstsein geschoben.

Hinzu kommen korrumpierte und erstarrte sozialdemokratische beziehungsweise Arbeiterparteien, Funktionärsgewerkschaften, grassierende Kleinbürger- und Konsumentenmentalität und atomisierte ArbeiterInnen ohne Vision jenseits des Wunsches, ihr persönliches Leben in einer feindlichen Umwelt einigermaßen zu stabilisieren. Vor dem Hintergrund eines kaum noch zu bändigenden Finanzmonsters, ständiger Verunsicherung und Verängstigung hat Sicherheit Hochkonjunktur (dazu mehr im nächsten Kapitel).

Man kann natürlich im Angesicht eines wütenden Finanzkapitalismus in einer reformierten Marktgesellschaft eine Schadensbegrenzung sehen. Aber Sahra Wagenknecht ist gar nicht der Meinung, dass ihr Modell eine Schadensbegrenzung darstellt. Sie hält das anzustrebende neue System für optimal und wünschenswert. Daher sind weitergehende Konzepte »versponnene Ideen«, »die gar nicht funktionieren können, weil sie lauter selbstlose Menschen voraussetzen oder grundlegende wirtschaftliche Zusammenhänge ignorieren«.[135]

Wagenknechts Reformismus ist nicht auf eine Befreiung der Menschen ausgerichtet. Ihre »Revolution« ist weder realistisch, wie immer behauptet, inspirierend und attraktiv für Arbeiter, um dafür ihre Haut einzusetzen – und das wäre notwendig –, noch ist ihr »kreativer Sozialismus« ein Ziel, das die destruktive Dynamik, die sich im Kapitalismus zeigt, überhaupt aus der Gesellschaft und der Welt schaffen könnte. Es ist vielmehr eine linke Sackgasse.

So gibt Wagenknecht zwar an, über die »Enteignung« des Großkapitals einen realistischen Pfad in eine sozialistische Gesellschaft zu bahnen. Sie betont, dass ihr Sozialismus »einfach« und nicht schwierig umzusetzen sei. Es bedürfe nur einiger Änderungen im Eigentumsrecht, Auflagen und neuen Regelungen. In der Theorie mag das vielleicht so sein, aber nicht in der Praxis.

Wenn man Wagenknechts ökonomische Neuordnung zu Ende denkt, bedürfte es eines revolutionären Akts, um dem Großkapital den Zugriff auf die Produktionsmittel zu entziehen. Die Anteilseigner der Bayer AG, Daimler AG, der Axel Springer SE und der Deutschen Bank AG werden nicht friedlich bei ihrer Enteignung zuschauen, inklusive der politischen und intellektuellen Eliten, die das Großkapital und die gesellschaftliche Ordnung bewahren wollen.

Auch wird eine progressive Regierung, selbst wenn eine antikapitalistische und sozialistische Linke darin eine prominente Rolle spielen würde, aus eigener Kraft qua Gesetz eine derartige Enteignung beziehungsweise Wiederaneignung nicht allein durchsetzen können. Wenn aber Arbeiter und große Teile der Zivilgesellschaft in revolutionärer Erneuerung, gegen den Widerstand des politischen Establishments, der Wirtschaftsverbände und großen Medienhäuser die Dinge in die eigenen Hände nehmen würden, warum sollten sie dann die Macht den Märkten, den Managern, den Parteifunktionären sowie mittelständischen Unternehmern überlassen?

Wagenknecht ist Realistin genug, um die Machtverhältnisse in Bezug auf die »Enteignung« einschätzen zu können. Um eine parlamentarische Mehrheit erringen zu können, die für Sozialreformen und eine grundlegendere Gesetzesreform notwendig wäre, verfolgte sie daher in den letzten Jahren zwei Strategien. Sie bietet einerseits über einen Rückgriff auf die soziale Marktwirtschaft und das Lob des innovativen Unternehmergeists der politischen Klasse einen nach vielen Seiten offenen, zustimmungsfähigen Reformnenner an. Dieser erreicht in seiner Sprache vom Marktliberalen bis zum Sozialisten die ganze politische Bandbreite.

Wagenknecht versucht sich an einer politischen Quadratur des Kreises. Ihr Sozialismus-Entwurf möchte ja nichts weniger sein als eine »Einladung zum Dialog zwischen echten, nämlich auch geistig liberalen Marktwirtschaftlern auf der einen, und ebensolchen Sozialisten und Marxisten auf der anderen Seite«.[136] Sie folgt dem Muster: Die ökonomisch Vernünftigen sitzen letztlich im gleichen Denk-Boot.

Weiterhin forciert sie die »Sprache der Arbeiter« in Sachen Flüchtlinge und Migranten, Sicherheit und nationale Rhetorik. Sie lehnt sich dabei an die erfolgreiche Propaganda Donald Trumps an (nicht jedoch seine Politik), um derart für die Neuordnung zu begeistern. Sie initiiert die Aufstehen-Bewegung, um eine Basis im Hintergrund zu mobilisieren, die das Vorhaben tatkräftig von der Straße und über außerparlamentarische Organisation unterstützen könnte.[137]

Was Wagenknecht als Programm für den »Dialog« und die Mobilisierung anbietet, ist konsequenterweise nicht mehr als eine versumpfte Revolution, mit einer Reihe von Widersprüchen. Es enthält nicht einmal eine Demokratisierung der Wirtschaft (von der repräsentativen Demokratie und ihren systemischen Mängeln ganz zu schweigen), sondern lediglich eine Machtverschiebung im System: von der neofeudalen 0,1-Prozent-Großkapitalklasse auf die 20-Prozent-Koordinierer- und die 1-Prozent-Unternehmer- und Kapitalklasse.

Diese Schicht aus Managern, Unternehmern, leitenden Angestellten, politischen und gewerkschaftlichen Funktionären soll zukünftig die Gesellschaft steuern, wobei die Märkte verkleinert, die Kapitalkonzentration begrenzt und die Einflussnahme der Politik ausgeweitet werden soll. Das ist Wagenknechts Zielpunkt, keineswegs eine Etappe auf dem Weg in eine nichtkapitalistische Demokratie.

Der »kreative Sozialismus« ist dabei weder in Reichweite, noch ist er eine humane Vision einer freien Gesellschaft. Er ist ein Zwitter, getragen von einer reformistischen Weltsicht. Ob damit das stimuliert werden kann, was libertäre Sozialisten und anarchistische Theoretiker wie Bakunin fordern, nämlich die Samenkörner einer zukünftigen Gesellschaft bereits in die Gegenwart einzupflanzen, ist fraglich. Denn mit Wagenknechts Lob einer sozialen Marktwirtschaft 2.0 hat man nichts mehr in der Hand, was man einpflanzen könnte. Leistung, Konkurrenz, freie Märkte und freie Unternehmer, Top-Down-Entscheidungsmacht, repräsentative Demokratie – alles wie gehabt?

Mit der durchgestrichenen Vision einer freien Gesellschaft fehlt das notwendige politische Bewusstsein, einen Schritt nach dem anderen zu tun, da eine Reform kein Endziel sein kann. Zufriedenheit, Erlahmen des Veränderungswillens und Stillstand im Kampf sind aber gleichbedeutend mit dem Verlust und schließlich dem Zurückdrehen bestehender Reformerfolge. Denn die zentrifugalen Kräfte von Markt und Staat wirken in die entgegengesetzte Richtung.

Wagenknechts politische Ökonomie hat sich von der vom klassischen Liberalismus des 18. Jahrhunderts stammenden libertären Tradition, die der Antriebsmotor für die diversen antikapitalistischen, sozialistischen und Arbeiterbewegungen war, abgekoppelt. Sie folgt keineswegs dem Geist Karl Marx', der insbesondere in seinen frühen Schriften von der human-liberalen Sicht inspiriert wurde, die im Begriff der »Entfremdung« bei ihm seinen prominentesten Ausdruck fand.

Wagenknechts Konservatismus und Elitendemokratie

Damit kommen wir zu unserem Ausgangspunkt zurück: Wie kommt Wagenknecht dazu, liberale Grundwerte und Moral ökonomischen Werten unterzuordnen? Was steckt hinter dem Glauben, dass eine maximal produktive Wirtschaftsordnung nicht nur die materielle Basis für moralische Werte bildet, sondern Einschränkungen in Bezug auf Partizipation, Gleichheit und Gerechtigkeit vornehmen muss, um Wohlstand überhaupt zu erzeugen? Welches Menschen- und Gesellschaftsbild steuert ihre politische Ökonomie und Politik?

Zunächst spielt dabei die Erfahrung des Untergangs des »ersten Sozialismus« eine Rolle. Wagenknecht zog daraus die Lehre, dass schöne Ideale nichts bringen, wenn die Volkswirtschaft nicht funktioniert. Denn sind die Menschen unzufrieden, laufen sie der idealen Gesellschaft am Ende davon. Folglich brauche man effiziente Märkte und ein gute Steuerung der Ökonomie.

Wie schon im ersten Kapitel erörtert, liefen die Menschen aber nicht einer »idealen Gesellschaft« weg, sondern einer unfreien. Und Wirtschaftsgefälle zwischen Ländern wird es immer geben. Auch das ist kein Grund, wirtschaftlichen Output über alles andere zu stellen. Außerdem sind ökonomische Stärke und »Wohlstand für alle« nicht an Märkte gebunden – wie Wagenknecht im Einklang mit der Mainstream-Ökonomie unterstellt. Denn Ungleichheit produzierende Wettbewerbsmärkte schneiden nicht per se wirtschaftlich besser ab und sind daher vorzuziehen. Die Sowjetunion modernisierte sich zum Beispiel deutlich schneller und stärker als das von Märkten getriebene Brasilien. Die kommunistische Kommandowirtschaft in China hob den Lebensstandard in hohem Tempo an, während die Märkte in Indien die Gesellschaft verwüsteten. Die wirtschaftlichen Erfolge kapitalistischer Marktwirtschaften im industriellen Zentrum haben wenig zu tun mit der Überlegenheit des Marktes gegenüber dem Staat. Sie wurzeln vor allem in zum Teil brutalen Formen der Aneignung und ökonomischer Hegemonie über Jahrhunderte hinweg, geostrategischen Ausbeutungsverhältnissen basierend auf einer hohen Machtreichweite des jeweiligen Landes und schließlich einem potenten Staat, der das Gebilde zusammenhält.[138]

Aber die Wurzeln von Wagenknechts politischer Ökonomie und ihres Koordinatensystems – also eines Denkgebäudes, dass die Schaffung von Wohlstand, Sicherheit und Ordnung über alles stellt –, reichen tiefer als das DDR-Trauma von 1989. Schaut man sich die intellektuellen Traditionen an, in die Wagenknecht sich stellt, dann zeigen sich schon früh konservative Präferenzen.

So nennt sie den Dichter Johann Wolfgang von Goethe und den Philosophen Georg Wilhelm Friedrich Hegel als ihre geistigen Väter. Hegels Logik habe sie nach eigenen Angaben schon früh gelesen, wenn auch, wie sie eingesteht, zu dem Zeitpunkt noch nicht wirklich verstanden. Sie betont, dass die deutschen Klassiker des frühen 19. Jahrhunderts die Grundlage ihres Weltbilds gelegt hätten. 1995 sagte sie in einem Interview:

»Das Hauptproblem, an dem sich Goethe – wie alle großen Denker der klassischen Periode – sein Leben lang abarbeitete, war: Er sah einerseits klar das Unmenschliche und Barbarische, das kulturell Zerstörerische des heraufziehenden Kapitalismus; und zugleich mußte er ihn als den unter damaligen Bedingungen alternativlosen Weg des Fortschritts akzeptieren.«[139]

Auch Hegel bringt Wagenknecht große Bewunderung entgegen:

»Ich finde Hegel bis heute genial, nicht nur wegen seines universellen Anspruchs, sondern auch wegen seiner Abrechnung mit dem Kapitalismus, der in seinem Werk unter dem Begriff der ›bürgerlichen Gesellschaft‹ vorkommt und ausgesprochen kritisch analysiert wird.«[140]

Hegel und Goethe haben, wie Wagenknecht richtig feststellt, vom Kapitalismus allerdings noch nicht viel mitbekommen. Deren Gesellschaftskritik war vielmehr ein konservativer Reflex auf eine im Gang befindliche Modernisierung und Demokratisierung, die die alte Ordnung von innen aushöhlte. So sprach Goethe am Beginn der Industrialisierung Anfang des 19. Jahrhunderts vom »Velociferischen«, einer teuflischen Beschleunigung.

»Reichtum und Schnelligkeit ist, was die Welt bewundert und wonach jeder strebt; Eisenbahnen, Schnellposten, Dampfschiffe und alle mögliche Fazilitäten der Kommunikation sind es, worauf die gebildete Welt ausgeht, sich zu überbieten, zu überbilden und dadurch in der Mittelmäßigkeit zu verharren.«[141]

Was bei Hegels Kritik der bürgerlichen Gesellschaft in eine philosophische Rechtfertigung des preußischen Staates mündete, war bei Goethe rückwärtsgewandte Abwehr von aufkommenden Freiheitsbewegungen, die Französische Revolution im Besonderen, und jeglichen politischen Störungen der Ordnung. Goethe träumte dabei als Staatsminister im Dienst von Herzog Carl August im Herzogtum Sachsen-Weimar-Eisenach von einem veredelten Feudalstaat.

Diese politisch regressiven Vorstellungen stammten dabei sowohl »aus der patriarchalen Idee«, dass nur »im Schutz und Schatten der absoluten Herrschaft« Kultur gedeihen könne, wie Walter Benjamin in seinem Goethe-Aufsatz hervorhebt, als auch »im Sinne des Kleinbürgertums, d. h. des Privatmanns, der sein Dasein ängstlich gegen die politischen Erschütterungen rings um sich abzudichten sucht«.[142]

Während die Nationalökonomen die Probleme der Industrie zu beschäftigen begannen, vertrat Goethe eine reaktionäre Haltung. Im Faust II, den Wagenknecht besonders schätzt, habe Goethe schließlich eine »magische Formel« entworfen, so Benjamin, eine Verbindung der Landbewirtschaftung »mit dem politischen Apparat des Absolutismus«, mit der die »Realität der sozialen Kämpfe in Nichts sich verflüchtigen sollte. Lehnsherrschaft über bürgerlich bewirtschaftete Ländereien, das ist das zwiespältige Bild, in welchem Fausts höchstes Lebensglück seinen Ausdruck findet.«[143]

Sowohl Hegel als auch Goethe fügten sich dabei dem jeweils herrschenden Machtsystem sowohl in ihrem Leben als auch in ihrem intellektuellen Schaffen.

Wenn sich Wagenknecht also früh und bis heute in ihrem politischen Denken Goethe und Hegel verpflichtet fühlt, dann ist es nicht die Freiheitskämpferin, die in diesem geistigen Kosmos erwachte, sondern eine nach Ordnung und Sicherheit Suchende. Denn ihre beiden »Klassiker«, die Wagenknechts politische Ökonomie wie Karyatiden stützen, waren keine Revolutionäre, Freiheitsliebende und

Gerechtigkeitssucher. Vielmehr waren es politische Konformisten, sicherlich jeweils mit enormem geistigem und schriftstellerischem Vermögen ausgestattet. Goethe und Hegel versuchten mittels Antikenpathos, Geniedichtung, Naturemphase, ganzheitlicher Philosophie, politischer Reaktion gegen Freiheitsbestrebungen ihre revolutionären Anfänge – Hegel wurde von der Französischen Revolution inspiriert, Goethe vom Sturm und Drang – in einem Gesamtsystem künstlerisch wie philosophisch aufzuheben.

Mit den geistigen Impulsen der beiden konservativ-bürgerlichen Denker aus der Frühphase der kapitalistischen Industrialisierung schließt Wagenknecht an antilibertäre, antirevolutionäre und konservative Strömungen an. Ob das eine bewusste oder unbewusste Entscheidung war, mag dahingestellt sein.

In ihren denkerischen Anfängen zeigt sie auch einen Hang zur Verherrlichung der »großen politischen Köpfe«. So bewunderte sie Mitte der 90er Jahre die »Kriegsführung Napoleons«, die großen »Umgestalter« in Frankreich wie Richelieu und Ludwig XIV, Winston Churchills strategische Cleverness und die »gigantische(n) Persönlichkeiten« und »geniale(n) Köpfe« des bürgerlichen Zeitalters insgesamt, ganz zu schweigen vom bewunderten »Realismus« Lenins und Stalins.[144]

Zudem ist zu beobachten, dass Werte wie Freiheit und Demokratie keine primäre Rolle in ihrem Denken einnehmen. Sie ist von Anfang an fixiert auf die Gesellschaft als Ganzes, idealerweise sozialistisch geprägt, in dem alle an einem Strang ziehen und ziehen müssten, damit das System funktioniert. Trotz aller Verschiebungen und Änderungen in Hinsicht auf Freiheit und Demokratie bleibt sie diesem Muster treu.

So betonte sie im Anschluss an Goethe, Hegel wie auch Marx:

»Unendlich wichtig ist meines Erachtens der klassische Anspruch: bei der Gesellschaftsanalyse und auch der praktischen Politik diese Ganzheitlichkeit zu beachten, nicht Teilphänomene vereinzelt herauszugreifen, wie das immer wieder versucht wird. ... Alles schön getrennt; als ob die Gesellschaft nicht strukturell ein Ganzes wäre, in dem man in einem einzelnen Bereich überhaupt nicht ungestraft ändern kann.«[145]

Man könne daher die Übel, die die Menschen zu Recht aufregten, letztlich nur beheben, »wenn man die Gesellschaft als Ganzes in Frage stellt«. Daher sei es für eine linke Politik unabdingbar, Einblick in die systemischen Zusammenhänge der materiellen Produktion zu ermöglichen.

Diese ganzheitliche, am System orientierte Sicht, hat Wagenknechts politisches Schaffen bis heute bestimmt – mit vielen positiven Effekten. Dem auf bloßen mathematischen Formeln beruhenden Ökonomen-Mainstream hält sie folgerichtig die »Ordoliberalen, Walter Eucken, Alexander Rüstow und andere« entgegen, die »noch eine Politische Ökonomie« hatten, und zwar die der sozialen Marktwirtschaft.[146]

Aus dem Systemdenken erwächst gleichzeitig auch eine gesellschaftliche Schlussfolgerung, die entscheidend und zugleich problematisch ist für ihr Freiheitsverständnis, dass nämlich das Ganze wichtiger sei, einen Vorrang genieße gegenüber den Individuen und ihren Freiheitsbestrebungen.

Im Anschluss an Hegel betont sie, dass Freiheit in Identität mit der Gesellschaft, dem Land, der Nation oder dem Staat, also dem großen Ganzen, zu denken sei. So werde aus Notwendigkeit Freiheit, indem man dort, wo man lebt, die Möglichkeit erhalte, die Gesellschaft als Ganzes zu bejahen, mit gutem Gewissen und aus Einsicht.

Zugleich beharrt sie darauf, dass der Sozialismus, anders als der Kapitalismus, einer »rationalen Leitung« und

»ungebrochene(n) weltanschauliche(n) Orientierung« bedürfe[147], einer Orientierung auf ein gemeinsames Ziel hin. Von hier aus ist man nicht mehr weit entfernt von Lenins Vorstellung einer ideologischen Vorhut (»vanguardism«) oder Demokratietheoretikern wie Walter Lippman und Edward Bernays in den USA, die vor rund hundert Jahren begannen, eine gesteuerte Elitendemokratie zu entwerfen, inklusive Polit-PR und politisch-massenmedialer Indoktrination. Die Intellektuellen hätten die Aufgabe, so diese liberalen Vordenker, »Zustimmung herzustellen« (»manufacture consent«) zum gesellschaftlichen Kurs.[148]

Sicherlich, Wagenknecht wollte weder einen repressiven Kommunismus noch eine kapitalistische Ökonomie – auch nicht in den 90er Jahren. Aber ihr Demokratieverständnis ist wie ihr Freiheitsbegriff von Beginn an verkümmert und nachrangig. Im Übrigen ist sie damit in guter Gesellschaft mit vielen anderen »im Zweifel linken« Zeitgenossen. Beispielsweise schloss Jakob Augstein 2016 auf Spiegel Online an seinen Vater und Gründer des Spiegels Rudolf Augstein an, als dieser im Kampf um mehr redaktionelle Mitbestimmung in den 70er Jahren feststellte, dass die wichtigen Entscheidungen nicht demokratisiert werden könnten:

»(W)er mehr Partizipation in die Demokratie rührt, dem fliegen die Reagenzgläser um die Ohren. Aus gutem Grund gibt es Parlamente: sie schützen die Demokratie vor dem Volk und das Volk vor sich selbst. Denn beim Volk, das ist eine paradoxe Wahrheit, ist die Demokratie nicht gut aufgehoben.«[149]

Auch für Wagenknecht erfüllen sich Freiheit und Demokratie, jedenfalls in den 90er Jahren, erst in einer idealen Gesellschaft, wenn alle Individuen »frei«, also per »Einsicht« das große Ganze bejahen können. Das ist, wie wir noch sehen werden, meilenweit von der libertären Vorstellung von Freiheit entfernt, in der die Menschen sich frei assoziieren. Das Ideal einer Gesellschaft im Sinne des klassischen Liberalismus und der daran anschließenden sozialistisch-anarchistischen Bewegung ist nicht Identität mit dem Ganzen, rationale Leitung und weltanschauliche Orientierung, sondern ständiges Aushandeln und Organisieren von Interessenkonflikten der Menschen untereinander, von der Basis aufsteigend. Ein ständiger und lebendiger Austausch also, der die Unterschiede betont, die »Mannigfaltigkeit«, wie Wilhelm von Humboldt es nannte.

Ihre eigene Grundidentität mit der neuen Gesellschaft, in die sie durch die Wende geworfen wurde, erarbeitete sich Wagenknecht in den nächsten Jahren. Sie rückte dabei von ihrer ins Vordemokratische neigenden Position ab, je mehr sie den Traum eines wiederbelebten Sozialismus à la DDR fallen ließ, und änderte zugleich ihr Verständnis der repräsentativen Demokratie. Ihre grundsätzliche Kritik der »bürgerlichen Medien«, der »bürgerlichen Gesellschaft«, die abgeschafft gehört, eines »zunehmend deformierte(n) und ausgehöhlte(n) bürgerliche(n) Parlamentarismus«, der eine menschenfeindliche Ökonomie stütze, gibt sie auf.[150] An deren Stelle tritt nun ein grundsätzliches Bekenntnis zum bürgerlichen Parlamentarismus, wobei sie ihre frühere Kritik übergeht. In dem Interviewband »Couragiert gegen den Strom« heißt es 2017:

»Ich bin bis heute der Meinung, dass man eine repräsentative Demokratie braucht. Sie muss ergänzt werden durch direkte Demokratie, also durch direkte Abstimmungen über wichtige Fragen, das ist ganz entscheidend. Aber man kann nicht alles über Volksabstimmungen entscheiden. Eine repräsentative Demokratie ist schon sinnvoll, und dafür braucht es Parteien, die offen sind, sodass es eine echte Konkurrenz und unterschiedliche Konzepte gibt. Ich hatte nichts gegen Parteien, nur wollte ich eben eine echte Vielfalt und Wahlmöglichkeit und nicht das Ein-Parteien-System der DDR.«[151]

In einem Zeit-Artikel vom Jahr 2000 skizzierte sie sogar eine weitergehende Vision einer zumindest kommunalen Selbstverwaltung, während darüber hinaus Parteien die nationalen Angelegenheiten regeln sollten.[152]

Diese als »Utopie« vorgetragene »Radikalvorstellung« – sie legt sie einem jungen Mann in den Mund, der aus der Zukunft in die Gegenwart zurückgereist ist und die bessere Welt beschreibt –, formulierte sie um die Jahrhundertwende, also in einer Zeit, in der Wagenknecht sich in einer Art Übergangsphase vom DDR-Trauma zum »kreativen Sozialismus« befand. Sie begann damals ihr Denken neu zu sortieren, vor dem Hintergrund eines politischen Aufbruchs und fundamentaler Kritik am System. Denn Ende der 90er Jahre hatte der G7-Protest in Seattle/USA stattgefunden, der nicht nur massive Polizeigewalt auslöste, sondern auch weltweit globalisierungskritische Bewegungen in Gang setzte. Radikalere, horizontale Gesellschaftsvorstellungen wurden wieder auf die politische Bühne gespült. Die «Vision« einer Selbstverwaltung von unten nahm Wagenknecht in ihren späteren Konzepten jedoch nicht mehr auf.

Bei ihrem »Seitenwechsel« zur bürgerlich-repräsentativen Demokratie möchte Wagenknecht aber erkennbar den Anschluss an die sozialistische Tradition nicht verlieren. Dementsprechend verweist sie auf Karl Marx, Rosa Luxemburg und Antonio Gramsci, die, so Wagenknecht, ebenfalls Verfechter der parlamentarischen Demokratie gewesen seien. Eine zumindest verkürzte Sichtweise. Denn sicherlich kämpften libertäre Sozialisten wie Luxemburg dafür, die Möglichkeiten in einer parlamentarischen Republik zu nutzen, um grundlegende Veränderungen voranzutreiben. Aber ihr politisches Ziel war es, die Republik aufzulösen und an ihre Stelle eine Selbstverwaltung von unten zu setzen, sowohl im politischen wie im ökonomischen Bereich, also die repräsentative Demokratie durch eine sozialistische Demokratie zu ersetzen.[153]

Luxemburg vertrat ein Rätesystem, das sich von der Basis aufbauen sollte, wobei Delegierte auf höhere Ebenen entsandt würden, allerdings mit gebundenem Mandat, also an die Möglichkeit geknüpft, Delegierte zurückzurufen, sobald sie ihren Auftrag überschritten. Politische Abstimmungen, bei denen die Bürger alle paar Jahre zwischen von Parteiführungen ausgesuchten Vertretern mit innerparteilich festgelegten Programmen wählen dürften, um dann die Regierung machen zu lassen, hielt sie für unvereinbar mit authentischer Demokratie.

Während Wagenknecht an die Stelle der sozialistischen Partei die repräsentative Demokratie setzte und ihren Frieden damit machte, während sie mehr Volksabstimmungen für gut hielt, tauschte sie gleichzeitig die Parteikader durch ein meritokratisches Auswahlverfahren aus. In »Reichtum ohne Gier« von 2016 greift sie explizit die Idee der chinesischen Mandarine auf, einer Elite, die durch ein »kompliziertes Prüfungsverfahren« auserkoren wurde und damit, wie Wagenknecht feststellt, zur »hohen Qualität der staatlichen Verwaltung« beigetragen habe.

> »Die meritokratische Idee leistungsabhängiger Aufstiegschancen wird seit der europäischen Aufklärung als Gleichheitsrecht gegen feudale Privilegien und erbliche Vorrechte eingefordert. Eingelöst wurde sie bis heute nicht.«[154]

Wie schon gezeigt wirkt sich Wagenknechts »Gleichheitsrecht« in der ökonomischen Realität unfair aus. Auch in einer idealen Marktwirtschaft wird es sich nicht verwirklichen lassen, weil a) Talent nicht gleich verteilt ist und b) die Gesellschaft von Ungleichheit geprägt sein wird – durch das Vorherrschen von Wettbewerbsmärkten, Konkurrenz und Machtakkumulation im Management, in privaten Unternehmen und bei den Eliten, die Wagenknecht keineswegs abschaffen will.

Zudem: Wagenknecht möchte zwar eine fairere Auswahl der »klugen Köpfe«, um die Führungskräfte zu erhalten, die die Wirtschaft und Gesellschaft in Zukunft führen sollen. Aber sie möchte weiter eine Elite, sogar unter noch schärferen Auswahlkriterien. Es darf auch angenommen werden, dass die Kriterien für die Auswahl und damit der Zugang zu den Führungsebenen des Staates und der Wirtschaft nicht in einem von unten aufgebauten demokratischen Verfahren ausgehandelt werden. Das offenbart, dass Wagenknecht zwischen Arbeitern und Führungsebene eine klare Linie ziehen möchte.

Von Wilhelm von Humboldt zum »kreativen Sozialismus«

Wagenknechts politische Ökonomie und ihr Gesellschaftsmodell haben, wie schon angedeutet, nur noch wenig mit der libertären Tradition zu tun, aus der der Sozialismus und die Arbeiterbewegungen hervorgingen. Die moderne Idee der Freiheit erhielt ihren ersten Ausdruck im klassischen Liberalismus des späten 18. und frühen 19. Jahrhunderts in den USA und Europa. Denker wie Wilhelm von Humboldt, John Stuart Mill oder Adam Smith setzten Freiheit und Kreativität ins Zentrum ihres Denkens. Sie glaubten daran, dass Menschen nicht unter die Kontrolle autoritärer Institutionen gestellt werden sollten.

In »Wealth of Nations« (1775) lehnte Adam Smith, heute gepriesener Vordenker des freien Marktes, die Arbeitsteilung ab. Er meinte sogar, dass jede zivilisierte Nation sie verbieten sollte, um zu verhindern, dadurch den Menschen zu zerstören:

»The man whose whole life is spent in performing a few simple operations, of which the effects are perhaps always the same, or very nearly the same, has no occasion to exert his understanding or to exercise his invention in finding out expedients for removing difficulties which never occur. He naturally loses, therefore, the habit of such exertion, and generally becomes as stupid and ignorant as it is possible for a human creature to become.«[155]

Sicherlich, den Markt hielt Smith für eine gute Sache, da er glaubte, dass bei perfekter Freiheit Märkte perfekte Gleichheit erzeugen würden. Eine falsche Vorstellung, offensichtlich, aber entscheidender ist, dass Smith fest davon überzeugt war, dass alle Menschen absolut gleich sein sollten. Er vertrat die klassische liberale Ansicht, dass der Kern des Menschen aus Zugehörigkeitsgefühl, Solidarität und dem Recht bestehe, seine Arbeit vollkommen selbst zu kontrollieren.

Ähnlich dachte auch Wilhelm von Humboldt.

»Der wahre Zweck des Menschen – nicht der, welchen die wechselnde Neigung, sondern welche die ewig unveränderliche Vernunft ihm vorschreibt – ist die höchste und proportionirlichste Bildung seiner Kräfte zu einem Ganzen. Zu dieser Bildung ist Freiheit die erste, und unerlassliche Bedingung.«[156]

Zu Humboldts Zeiten, Ende des 18. Jahrhunderts, waren das feudale System, der absolutistische Staat und die Kirche die Machtzentren, die den Menschen in seiner Freiheit einschränkten. Daher kritisierte er diese Institutionen. Sie waren damals ähnlich totalitäre Institutionen wie heute die Konzerne. Der Staat, so Humboldt in seiner Kritik, ziele auf »Wohlstand und Ruhe«, würge den Streit der Einzelnen ab, während die Menschen »Mannigfaltigkeit und Thätigkeit«

anstreben müssten. Den Menschen auf Wohlstand statt Größe zu reduzieren, mache tatsächlich eine »Maschine« aus ihm. Wenn Menschen auf Befehl etwas Schönes herstellten, fährt er fort, könne man zwar bewundern, was der Arbeiter herstelle, aber man verachte zugleich, was er sei. Denn er verhalte sich nicht wie ein Mensch, sondern wie ein Werkzeug in den Händen von anderen.

Solche Auffassungen ziehen sich durch die ganze liberalistische Tradition hinüber zu den Werken des Philosophen John Stuart Mill oder dem französischen Politiker und Schriftsteller Alexis de Tocqueville. Dieser stellte fest, dass ein System möglich sei, in dem »the art advances and the artisan recedes«. Aber das wäre unmenschlich. Denn man sei an dem Künstler, an dem Menschen interessiert. Menschen sollten aber die Möglichkeit haben, ein erfüllendes Leben zu führen, bei dem sie Kontrolle über ihre Arbeit hätten, auch wenn das ökonomisch weniger effizient sei.[157]

Die Überzeugung, die sich im libertären Denken ausbildete, dass die Intelligenz, die Kreativität und Persönlichkeit der Menschen sich von den Möglichkeiten ableitet, die für sie bestehen, prägte ein ganzes Jahrhundert. Das Ziel der Gesellschaft sollte daher sein, unabhängige produktive Tätigkeiten, jenseits von externen Zwängen, für alle Menschen zu bieten. Also: Ohne Freiheit und Kreativität kein menschenwürdiges Fressen. So sagte Humboldt einmal, dass ein Arbeiter, der einen Garten pflege, mehr Kontrolle über die Arbeit habe als derjenige, der den Apfel von einem Baum des Gartens esse.

Während im 19. Jahrhundert die unmenschlichen und destruktiven Kräfte ihren Aufstieg erlebten, die der klassische Liberalismus verurteilte, saugten Antikapitalisten, Sozialisten und Anarchisten das klassische Erbe auf. Wir konnten schon sehen, dass die frühen Arbeiterbewegungen, die sich rund um die Fabriken bildeten und durchdrungen waren von einer lebendigen Arbeiterkultur, ähnliche Gedanken wie im klassischen Liberalismus ausdrückten und das Konzept der uneingeschränkten Kontrolle über die Arbeit auf die kapitalistische Situation übertrugen. Daraus formulierten sie die heute »radikal« erscheinende Forderung nach einer Übernahme der Betriebe durch die darin Arbeitenden und einem Ende der Lohnarbeit.

Bereits am Anfang des 19. Jahrhunderts entstanden zugleich anarchistische und sozialistische Ideen einer anderen Gesellschaftsordnung. William Godwin und Pierre-Joseph Proudhon formulierten politische Gerechtigkeitsvorstellungen, in denen jede Macht und Verfügung über Menschen, die nicht zu rechtfertigen sei, abgebaut werden sollte. Michail Bakunin, der russische Revolutionär, der an den Erhebungen in Paris und Prag 1848 selbst teilnahm, setzte sich für internationale Arbeiterassoziationen ein. Bakunin sah im Menschen einen »Instinkt für Freiheit« angelegt, ein Bedürfnis, an freier, kreativer Tätigkeit und Arbeit mit anderen teilzunehmen.

Von dort führt eine direkte Linie weiter zu libertären Linken und Sozialisten des 20. Jahrhunderts wie Rosa Luxemburg, aber auch zu Anarchisten wie dem italienischen Marxisten Antonio Gramsci, dem russischen Geografen und Schriftsteller Pjotr Kropotkin oder dem deutschen Gesellschaftskritiker Rudolf Rocker.

Die beiden letzten verstanden sich als Anarchosyndikalisten, die Gewerkschaftsarbeit ins Zentrum setzen und der Auffassung sind, dass die Industriegesellschaft durch ihre technisch-ökonomischen Möglichkeiten am besten geeignet sei, die Prinzipien einer freien Assoziation der Arbeiter sowie die Gestaltung der Arbeit von der Basis aus umzusetzen.

Mit dem voranschreitenden Marktsystem verschwanden diese liberalen und sozialistisch-libertären Gedanken. Die intellektuelle Kultur wandelte sich und der Liberalismus wurde ins Gegenteil verkehrt. Klassische Liberale wie

Wilhelm von Humboldt wurden von Konservativen vereinnahmt, während die Marktideologie Adam Smith zum Kronzeugen erkor. Gleichzeitig wurden die Werte, die der klassische Liberalismus hochhielt, wie grundsätzliche Freiheit des Menschen, Selbstbestimmung, Abbau von nicht akzeptablen Zwängen, das Recht eines jeden auf freie, kreative Entfaltung seiner Persönlichkeit, volle Gleichheit der Menschen und so weiter an den Rand gedrängt.

Im Anarchismus und bei libertären Linken fand diese Denktradition jedoch Unterschlupf. Auch bei einigen bürgerlichen Gesellschaftskritikern sind diese Ideen noch lebendig geblieben. Beispielsweise finden sich ähnliche Vorstellungen beim US-amerikanischen Philosophen John Dewey, der in der ersten Hälfte des 20. Jahrhunderts über eine demokratische Erziehung nachdachte. Dewey war der Auffassung, dass eine entfaltete Demokratie Möglichkeiten öffne, mittels derer sich Menschen selbst befreien könnten.

Wagenknecht hat sich, wie große Teile der Linken und der Sozialdemokratie heute, von dieser libertären Tradition und einem libertären Sozialismus abgekoppelt. Die klassisch-liberalen Ideen sind bei ihr nur noch in Spuren, in kleinen Dosen und in der Rhetorik aufzufinden. Ihre politische Ökonomie mit ihren Sachzwängen schiebt die Vorstellung einer Befreiung des Menschen sowie einer authentisch demokratisierten Gesellschaft, in der sich alle Menschen über ihre Arbeit voll entfalten können, ins Utopische, Unerreichbare.

Eine grundsätzliche Kritik der Arbeitsteilung und der hierarchischen Strukturen in Unternehmen findet bei Wagenknecht nicht statt. Eher werden hierarchisch organisierte, entfremdende Institutionen als ökonomisch alternativlos beschrieben, obwohl sie das Gegenteil von Freiheit und Kreativität der Menschen befördern.

Sicherlich versucht Wagenknecht mit ihrer alternativen Wirtschaftsordnung die extreme Machtkonzentration und die zerstörerischen Mechanismen im finanzialisierten Kapitalismus aufzubrechen. Aber sie strebt dabei keine freie Gesellschaft im Sinne des klassischen Liberalismus und der libertären Linken an. Im Gegenteil: Sie möchte lediglich die Macht von den »Königen« und Großkapital-Drohnen des Kapitalismus zu den »leistungsfähigen« Koordinierern verschieben, die sich schon heute auf dem Hofstaat der Märkte tummeln. Ob diese Klasse dem Großkapital den Kampf ansagen würde, um die Macht an sich zu reißen, wie Wagenknecht hofft, ist kaum denkbar. Ebenso unwahrscheinlich ist es, dass die Klasse aus Parteifunktionären, Intellektuellen, Unternehmern und Managern die vom Neoliberalismus frustrierten Arbeiter in eine Zukunft führt, die ihnen Selbstbestimmung, freie Entfaltung ihrer Persönlichkeit und Kontrolle über die Arbeit ermöglicht.

Wagenknecht schließt mit ihrer politischen Ökonomie an das orthodox-marxistische Konzept einer gesteuerten Gesellschaft an, wie es bei Lenin und Trotzki auf repressive Weise umgesetzt wurde. Denn auch ihre Koordinier- und Leitungsgesellschaft ist von der Vorstellung geprägt, dass ein »Sozialismus« ohne klare Steuerung von oben nicht lebensfähig ist.

Dahinter wird ein Menschenbild sichtbar, das sich historisch im linken Denken mehr und mehr durchsetzen konnte: die Auffassung von Menschen als formbarer Masse. Danach ist der Mensch lediglich das, was die Kultur aus ihm mache. Diese Vorstellung drängte liberale Denktraditionen immer weiter zurück, die von einer festen Natur des Menschen und von unveräußerlichen Eigenschaften ausgehen, die befördert werden sollten. Der formbare Mensch ist ein Konzept, das schließlich bei den Behavioristen im 20. Jahrhundert von John B. Watson und in der Nachkriegszeit von B. F. Skinner wissenschaftlich vertreten wurde, nach dem Menschen bloße Reflexionen ihrer Umgebung sind. Der Mensch sei zunächst ein »blank slate«, ein unbeschriebenes Blatt Papier, auf das die Umwelt die jeweiligen Eigenschaften »schreibe«.

Wenn Menschen aber keinen inneren Instinkt mehr für Freiheit haben, wenn es nicht zu ihrer Natur gehört, freie, kreative und produktive Arbeit unter ihrer eigenen Kontrolle zu verrichten, wie der klassische Liberalismus annahm, dann gibt es keinen moralischen Grund, es ihnen zu erlauben, sondern man kann sie so formen, wie sie sein sollten. Ideengeber kann das Zentralkomitee sein, die Manager eines Unternehmens oder der Direktor eines faschistischen Staates.

Eine weitere historische Abwendung von libertärem Denken bestand darin, dass große Teile der Linken begannen, Arbeit als Zwang zu definieren. Arbeiter benötigten des Drucks und Anreizes, sonst würden sie nicht mehr oder nicht effektiv arbeiten, so das Credo. Gemäß der kapitalistischen Gesellschaft und ihrer Ideologie wurde Arbeit grundsätzlich als Belastung angesehen. Ohne Belohnung und Bestrafung würden die Menschen, so die Vorstellung, nur dahinvegetieren. Im Sowjetsystem fand das seinen Ausdruck im realexistierenden sozialistischen Leistungsprinzip. So hieß es in der Verfassung von 1936: »Die Arbeit ist in der UdSSR Pflicht und eine Sache der Ehre eines jeden arbeitsfähigen Bürgers nach dem Grundsatz: ›Wer nicht arbeitet, soll auch nicht essen‹«. Das ist nur ein spätes Echo klassischer Ökonomen wie David Ricardo, die den kapitalistischen Markt Anfang des 19. Jahrhunderts auf den Begriff brachten, dass der Mensch nur noch das wert sei, was er als Arbeiter auf dem Markt erwirtschaften konnte.

Die Linke hat diese Vorstellung freilich nicht übernommen. Weder der realexistierende Kapitalismus noch der Sozialismus ließ seine Bürger in den Industriestaaten verhungern. Linke kämpften für mehr soziale Rechte und einen funktionierenden Wohlfahrtsstaat, aber die Idee, dass

Arbeit auf die eine oder andere Weise des Zwangs bedürfe, wurde nicht angetastet. Das politische Agenda-Konzept, entwickelt unter Bundeskanzler Gerhard Schröder (SPD), »Fördern und Fordern« Anfang der 2000er Jahre führte daher auch nicht zu einer Revolte innerhalb der Sozialdemokratie. Der dem politischen Programm unterliegende Arbeitsbegriff, tief verankert in der Sozialdemokratie wie großen Teilen der Linken, wurde lediglich neoliberal forciert. Frei nach dem Motto: etwas mehr Peitsche, weniger Zuckerbrot. Manche lehnten sich damals gegen das neoliberale »Mehr« auf, nicht jedoch gegen den Zwang an sich.

Wagenknecht schließt mit ihrem Konzept der sozialistischen Leistungsgesellschaft an das klassische Arbeitsverständnis an, wie es sich durchsetzen konnte, mit den üblichen Widersprüchen, die in dem Begriff enthalten sind. Denn warum braucht es »Leitungsanreize«, also höhere Entlohnung, die Möglichkeiten des Reichwerdens für Unternehmer und Privilegien für die ökonomisch Starken, damit das Führungspersonal produktiv wird? Das ist eine abstruse und realitätsferne, wenn auch verbreitete Idee. Wagenknecht müsste nur sich selbst anschauen, um diese Annahme sofort über Bord zu werfen. Sie arbeitete ja wohl nicht wegen des Geldes und etwaiger Privilegien bis zum Burn-Out, hielt Hunderte Vorträge, führte Interviews und saß in unzähligen Parteiversammlungen und Meetings.

Man müsste die ganze Kulturgeschichte auf den Kopf stellen, wenn man meinte, dass Religion, Musik, Malerei, Literatur, Philosophie, Wissenschaft und technischer Fortschritt jeweils das Resultat von externen »Leistungsanreizen« waren. Schaut man sich einen relativ freien Arbeitsbereich innerhalb der modernen Gesellschaften an, den der Universitäten und Forschungseinrichtungen, dann verbringen dort Menschen zum Teil 80 Stunden in der Woche, um Neues hervorzubringen. Für die Überstunden erhalten sie nichts. Und diese frei organisierte, ohne äußere Zwänge und Anreize funktionierende, auf innerem Antrieb basierende Arbeit stellt, wie schon gesehen, den dynamischen Sektor jeder modernen und auch kapitalistischen Ökonomie dar.

Tatsache ist: Menschen wollen arbeiten. Ihre Arbeit wird zudem stimuliert, je mehr Kontrolle sie darüber erhalten und je mehr sie sich darin entfalten können.

Wagenknecht weiß natürlich, dass Menschen nicht nur wegen Geld arbeiten. So stellt sie in der Diskussion um ein Grundeinkommen, bei dem jeder Mensch einen festen Betrag bedingungslos erhalten sollte, fest:

»Ich bin überzeugt, dass das nicht funktioniert. Ich glaube schon, dass Menschen nicht nur wegen des Einkommens arbeiten, das ist richtig. Menschen arbeiten auch, weil gute Arbeit ihnen Anerkennung verschafft, weil sie so soziale Kontakte haben und vieles mehr. Auch wenn es für Arbeit gar kein Geld mehr gäbe und alle mit einem Grundeinkommen ausgesorgt hätten, würden viele nicht auf der faulen Haut liegen. Aber freiwillig sechs Uhr morgens aufstehen? Nachts arbeiten? … Die Notaufnahme in der Klink muss auch nachts geöffnet sein. Busse müssen auch morgens früh fahren. Gerade nachts muss die Polizei zur Stelle sein. Das dürfte kaum einer machen, wenn er den größten Teil seines Einkommens sicher hat, bevor er auch nur eine Hand rührt.«[158]

Ich glaube nicht, dass sie mit ihrer Behauptung Recht hat. Wenn Menschen zur Arbeit gezwungen werden müssen, dann ist etwas grundlegend falsch an der gesellschaftlichen Arbeitsorganisation. Es ist ein Zeichen, dass die Menschen ihre Arbeit nicht selbst organisieren, nicht frei, kreativ und kooperativ arbeiten, sondern fremdbestimmt sind.

Ausgehend von dieser Annahme müsste Wagenknecht konsequenterweise folgern, dass solche Arbeiten etwas besser entlohnt werden sollten, um einen Anreiz zu schaffen, sie auszuführen. Aber ihr Vorschlag geht in die komplett entgegengesetzte Richtung, nämlich »Leistungs-anreize« für jene zu schaffen, die die begehrten Arbeiten übernehmen dürfen und Entscheidungsmacht innehaben. Also mehr Geld, Privilegien und Bereicherungsmöglich-keiten für die Manager der Koordiniererklasse und die Un-ternehmer, die gar nicht motiviert werden müssen, weil sie gute Arbeit monopolisieren.

Tatsache ist, dass entfremdete, von den »ökonomischen Marktgesetzen« und dem Management vorgegebene Arbeit auch im »kreativen Sozialismus« weiter die Regel sein wird. Die Arbeitswelt wird ja wie die kapitalistische unter die Ma-xime einer effizienten, von oben gesteuerten Gesellschaft und einer von Wettbewerbsmärkten vorangetriebenen Wirtschaft mit maximalem Output gestellt. Lohnarbeit und Erwerbszwang wird es weiter geben, während Arbeit an die Sicherung der materiellen Bedürfnisse der Menschen ge-bunden bleibt.

Denn die Kontrolle der Arbeiter über ihre Arbeit wird nicht durch eigentumsrechtliche Abänderungen und er-weiterte Mitbestimmungsregeln wie ein deus ex machina in die Gesellschaft einfahren, ohne den kapitalistischen Austausch zu kappen, wie schon Rosa Luxemburg betonte. Auch in Wagenknechts Sozialismus wird gute Arbeit wei-ter ein knappes Gut sein, und Arbeiter spielen darin wie zuvor die Rolle ergänzender Mittel im Produktionssystem. Sie werden keineswegs als eigenständige, die Arbeit selbst bestimmende Menschen die Betriebe organisieren.

Die eigentliche Funktion der differentiellen Entlohnung und Privilegierung besteht bei Wagenknechts Modell – wie bei allen kapitalistischen Ökonomien oder Marktmodel-len – auch gar nicht, wie schon diskutiert, in der externen Anreizung von Leistung, die angeblich intrinsisch im Men-schen nicht oder nicht ausreichend vorhanden sei, sondern in den ökonomischen Prinzipien von Wettbewerbsmärkten und ihrer Ausrichtung auf effiziente Allokation (siehe Kapitel 5).

Erstaunlich ist, dass die Widersprüche im Dogma des Leistungsanreizes von Wagenknecht und der Mainstream-Ökonomie nicht wahrgenommen werden, obwohl die Prediger der Anreizthese selbst oft der lebende Gegenbeweis zur aufgestellten Doktrin sind. Des Weiteren müsste gemäß der Anreizthese, ganz zu schweigen von Gerechtigkeitsgesichtspunkten, entfremdete Arbeit höher entlohnt werden. Meines Erachtens rührt diese Blindheit an die fundamentale Ideologisierung von Leistung, die derart tief in das gesellschaftliche Bewusstsein eingedrungen ist, dass sich jede Diskussion darüber erübrigt.

Natürlich sind die Lohnprivilegien auch eine Art Disziplinierungs- und Korrumpierungsmechanismus, um die »Klugen« auf Koordinierungskurs im Dienste der mächtigen gesellschaftlichen Institutionen zu bringen – eine Klasse mit gleichen Privilegien aus ihnen zu schmieden sowie ein Zugeständnis an die Marktideologie, dass die Koordinierer mehr »Wert« in dem von Märkten dominierten Produktionssystem darstellen und daher auch finanziell besser entlohnt werden sollten als die, die sie koordinieren. Es ist, wie Friedrich Nietzsche schon vor über hundert Jahren – positiv ergriffen – formulierte, das »Pathos der Distanz«, das jeder Elite innewohnt.

Die entsorgten Werte

Wir haben gesehen, wie Wagenknechts politische Ökonomie in ihren Prinzipien über die letzten dreißig Jahre relativ konstant geblieben ist. Sie schließt an konservative Traditionslinien an, vertritt eine eher orthodox-marxistische beziehungsweise reformistische Sichtweise und besitzt kaum eine Verbindung zur libertären Denktradition und den Grundideen der sozialistischen Arbeiterbewegungen, auch wenn sie prominente Vertreter wie Rosa Luxemburg immer wieder herbeizitiert.

Bei Wagenknecht ist früh angelegt, klassisch-liberale Grundwerte unter ökonomische »Gesetze« ein- und unterzuordnen: unter maximalem ökonomischen Output, Top-Down-Steuerung von Produktionsprozessen, Leistungsgesellschaft und einem Fokus auf Wohlstand, Effizienz sowie Produktivität. Es ist dabei nicht so, dass sie Werte wie Freiheit und Demokratie nicht schätzt oder gar ablehnt. Vielmehr werden sie herabgestuft zu sekundären, an Voraussetzungen gebundene und bedingte Werte, die nicht als die Stützpfeiler dienen können, auf denen alles andere ruht, wie bei libertären Denkern und sozialistischen Ökonomen.

Diese Auffassung korreliert mit der Idee, dass Märkte, Konkurrenz und Leistungsbelohnung eine Gesellschaft ökonomisch produktiver machen, und Freiheit und Demokratie daher bei der Organisation der Wirtschaft nur eine Nebenrolle einnehmen können. Werte wie Kreativität und Freiheit, Gleichheit und Gerechtigkeit können demnach im politischen Kampf eingeschränkt, ausgehebelt und sogar ins Gegenteil verkehrt werden, wenn »Sachzwänge« und höherwertige Gesetzmäßigkeiten es erfordern.

7. Die Wende?

Trotz eines recht stabilen Koordinatensystems und einer daran anschließenden politischen Ökonomie änderte Sahra Wagenknecht in einigen Punkten ihre Position von den 90er Jahren bis heute. Wir konnten schon sehen, dass sie von der Verteidigung einer sozialistischen Partei und einer autoritären politischer Führung, um den »ersten Sozialismus« zu schützen, zu einer uneingeschränkten Bejahung der repräsentativen Demokratie wechselte. Ihre Kapitalismuskritik fokussierte zunehmend weniger auf orthodox-marxistische Schablonen und Begrifflichkeiten, sondern auf moderne Ökonomik. In ihrem Sozialismusverständnis wird der Staat immer mehr als ökonomischer Wächter und Ruhepol zurückgenommen und der Markt akzentuiert.

Das belegt aber keineswegs, dass sie ihre Sicht auf die Gesellschaft grundsätzlich änderte. Als politische Realistin, die an Veränderung im Hier und Jetzt orientiert ist – sie will den Sozialismus ja noch selbst erleben –, bezog sich der »Erkenntnis- und Lernprozess« auf ihrem Marsch durch die Nachwende-BRD auf die Art, wie Ideale zu erlangen seien, nicht auf die Ideale und das zugrundeliegende Wertesystem selbst.

In den 90er Jahren war Wagenknecht zum Beispiel der Überzeugung, dass nur eine Revolution von unten grundlegend andere Verhältnisse erwirken könne. Eine Wiedererlangung eines reformierten Sozialismus à la DDR war in den Jahren nach dem Mauerfall bis zur Jahrhundertwende für Wagenknecht nur möglich, wenn mit den vom Kapitalismus Frustrierten, darunter vor allem enttäuschte ehemalige DDR-Bürger – die noch eine Alternative erlebt hatten –, eine Massenbasis mobilisiert werden könne:

»Widerstand gegen den sozialen und politischen Rechts-
kurs des großen Kapitals ist mit Aussicht auf Erfolg letztlich nur von unten zu leisten. Die Vorstellung, Veränderungen im Interesse der Menschen durch die Beteiligung
an bürgerlichen Regierungen – gleich ob auf Bundes-
oder Landesebene – erreichen zu können, ist, meine ich,
ein Illusion.«[159]

Das hat sich grundsätzlich nicht geändert. Auch heute
glaubt sie noch, dass es für wirkliche Veränderungen einer
mobilisierten Mehrheit in der Bevölkerung bedürfe. Daher gründete sie die Aufstehen-Sammlungsbewegung, um
ein Momentum außerparlamentarisch zu erzeugen. Aber
der Schwerpunkt liegt nun auf parlamentarischer Mehr-
heitsbeschaffung. Ihr geht es nicht mehr um eine Machtübernahme durch Arbeiter und Bürger, wobei eine linke
Oppositionspartei außerhalb der Regierung diesen Prozess
vorbereiten und dann anführen sollte, sondern um einen le-
gislativen Akt, eine Änderung der Eigentumsordnung durch
Regierung und Parlament. Die Massenbasis hat eine andere
Funktion bekommen: Sie soll die parlamentarische Grund-
satzreform ermöglichen und absichern, nicht mehr selbst
eine andere Gesellschaftsordnung durchsetzen.

Mehr Sicherheit: Die Neuentdeckung der »Flüchtlingskrise«

In ihren politischen Stellungnahmen und Strategien vertritt
Sahra Wagenknecht immer wieder offen antiliberale Positionen. Ihre Haltung zum »ersten Sozialismus« haben wir
schon analysiert. So meinte sie Mitte der 90er Jahre, dass
ein sozialistischer Staat das Recht habe, Bürger, die gegen
die Staatsdoktrin aufbegehrten, wie die Bürgerrechtler der
DDR, zu unterdrücken beziehungsweise zu indoktrinieren,
um »Sicherheit« herzustellen:

»Wer sich offen gegen einen Staat wendet, muß mit denen rechnen, die für die Sicherheit des jeweiligen Staates zuständig sind. Das ist ja im Westen nicht anders.
Hier haben wir heute den Verfassungsschutz am Hals.
Zudem steht es meines Erachtens außer Frage, daß die
DDR, an der Grenzlinie der Systeme befindlich und mas-
sivem Druck von westlicher Seite ausgesetzt –, daß die
DDR unter solchen Umständen einen Sicherheitsapparat
brauchte.«[160]

Ab den 70er Jahren habe jedoch der DDR-Geheimdienst
Aufgaben übernommen, so Wagenknechts Kritik, die
nicht die Aufgaben des Geheimdienstes gewesen seien,
nämlich »inhaltliche(.) Überzeugungsarbeit«. Im Klartext: Um die Bevölkerung auf staatssozialistische Linie zu
bringen, sollten Methoden der »robusten Überwachung«
auf der einen und ideologische Indoktrination der Bevölkerung auf der anderen, also die »rationale Leitung« zur
»ungebrochene(n) weltanschauliche(n) Orientierung«,
nicht vermischt werden.

Demgegenüber kritisierte sie die Methoden der Bevölkerungskontrolle beim kapitalistischen System:

»Die eigentliche Gefahr droht aus der sogenannten ›politischen Mitte‹. Hinter dem Wahlsieg der DVU stecken die
gleichen politischen Kräfte, die am Tag nach der Wahl
vor den Kameras ihr Entsetzen kundtaten. Es ist allbe-
kannt, welche starke Position der Verfassungsschutz in
der rechten Szene hat. Man braucht die Neofaschisten,
um das Abdriften der Etablierten in den rechten Sumpf
zu legitimieren. Man braucht sie, um den Weg in den Polizeistaat zu rechtfertigen. In dieser Richtung sind wir ja
in den letzten Jahren ein gutes Stück vorangekommen:
Großer Lauschangriff, Gen-Datei, Europol und Schleier-
fahndung sind nur einige Stichworte.«[161]

Der Verweis auf das »Sicherheitsbedürfnis« der Bürger in der BRD sei, so Wagenknecht, nur ein Vorwand. Es ginge bei den Maßnahmen gar nicht um die »Bekämpfung von Verbrechen«, sondern lediglich darum, »die Profitgesellschaft gegen mögliche soziale Unruhen zu rüsten«. Was in der DDR legitime Sicherheitsinteressen gewesen seien, ist in der BRD kaschierte und repressive Bevölkerungskontrolle. Sie ist also nicht prinzipiell gegen Bevölkerungskontrolle, sondern nur in einer kapitalistischen Gesellschaft, im Dienste falscher Ziele, des Profits.

Man kann Wagenknechts frühe Äußerungen sicherlich zum Teil unter »Trotz« verbuchen. Aber das ist nicht die ganze Geschichte. Denn zwanzig Jahre später vollzieht sie eine 180-Grad-Kehrtwende. Vor dem Hintergrund der Rechtsentwicklung im Zuge der sogenannten »Flüchtlingskrise« seit 2015, einer Vervierfachung rechter und fremdenfeindlicher Gewalt gegen Schutzsuchende sowie deutlicher Anzeichen von rechter »Blindheit« der Geheimdienste und Polizei fordert sie nun mehr Sicherheit für Deutsche im Angesicht der vermeintlich durch Asylmigration eingeschleppten Gefahren.

Daher sei eine Ausweitung des Polizeiapparats, bessere Grenzkontrollen an den EU-Außengrenzen, Limitierung der Anzahl von Schutzsuchenden und Abschiebungen von jenen, die Straftaten begingen, notwendig, um wieder Ruhe und Ordnung im Land zu gewährleisten. Zum Vergleich: Ende der 90er Jahre prangerte sie im Gegensatz dazu die rechte Unterwanderung der Sicherheitsorgane an und hielt mehr Polizei für falsch, um Sicherheit herzustellen.

Diese geänderte Bewertung in der Sicherheitspolitik geht einher mit einer Neuentdeckung der »Flüchtlingskrise«. Neuentdeckung insofern, als dass Wagenknecht im Zuge der »ersten Flüchtlingskrise« in den 90er Jahren, als viele Menschen während des Bürgerkriegs in Jugoslawien nach Deutschland flohen, eine komplett andere Sichtweise vertrat als zwanzig Jahre später bei dem von ihr als »Kontrollverlust« dargestellten Zuzug von Flüchtlingen.

Damals antwortete sie auf den Hinweis eines Interviewers, dass Arbeiter auf der Straße glaubten, dass ihnen die Ausländer und Asylbewerber die Arbeitsplätze wegnähmen und unbegründet Sozialleistungen beziehen würden:

> »Wer diese Hetze schürt, müßte bei jedem ausländerfeindlichen Übergriff, jeder Nazi-Schlägerei und jeder brennenden Asylbewerberunterkunft mit vor Gericht gestellt werden. Man versucht ganz gezielt, die Wut der Betroffenen über verschlechterte Lebensverhältnisse auf den noch Schwächeren abzulenken.«[162]

Wagenknecht fährt weiter fort, dass das Erstarken der rechten Parteien Resultat der Anti-Flüchtlingsrhetorik in der Presse sei, während der Frust tatsächlich aus Sozialkürzungen resultiere, die nichts mit Ausländern zu hätten. Aber in der Öffentlichkeit würde der »Unmut der Bauarbeiter über fehlende Arbeitsplätze und immer miesere Bezahlung« auf die »ausländischen Arbeiter am Bau abgelenkt, statt sich gegen die Bau-Unternehmer zu richten«. Zugleich werde eine zynische Politik gefahren:

> »Es läuft einem kalt über den Rücken, wenn Schröder unisono mit Stoiber eine Verschärfung des Strafrechts, Kinderknäste und die schnellere Abschiebung ausländischer ›Krimineller‹ fordert. Dadurch wird den deutschen Stammtischen Munition geliefert und die ausländerfeindliche Stimmung angeheizt. Im übrigen: Wer fordert, daß jede Verfehlung sofortige Abschiebung nach sich zieht, fordert unter Umständen für eine Schwarzfahrt im öffentlichen Nahverkehr die Verhängung der

Todesstrafe. Wenn nämlich der Betroffene in seinem Heimatland mit Folter und Ermordung rechnen muß, was bei nicht wenigen Flüchtlingen der Fall ist.«

Während sich die politisch Verantwortlichen in heuchlerischer Art über die Rechtsentwicklung im Land und die Straftaten von Ausländern empörten, würden sie gleichzeitig den Asylsuchenden nur noch »Eßpakete« geben, was diese zwingen würde, »die sonst unerreichbaren Güter auf anderem Wege zu besorgen«.

»Und mir kann keiner erzählen, daß das nicht einkalkuliert ist. Immerhin stärkt es die Legende vom ›kriminellen Ausländer‹, und bietet einen wunderbaren Vorwand, noch mehr Leute abzuschieben. Die faktische Abschaffung des Asylrechts gehört ohnehin zu den gewissenlosesten Entscheidungen, die die Große Koalition von SPD und CDU in den letzten Jahren durchgezogen hat.«

Wagenknecht kritisierte zugleich die Sicherheitsverschärfungen, »die die Bürger in Schach halten« sollen, und den »Polizeistaat«, der die kriminalisiere, die den Entrechteten helfen würden. Auf den Einwand, dass man die Armut in der Dritten Welt nicht dadurch löse, dass man sie nach Deutschland hole, entgegnete sie:

»Nein, aber Aufnahme der zu uns kommenden Armen ist noch das Geringste, was man von einem Hauptverursacher dieser Armut erwarten kann. ... Niemand verläßt seine Heimat freiwillig; er tut das nur, wenn unerträgliche Zustände ihn dazu zwingen«.[163]

Die Aufnahme der Schutzsuchenden könne vor allem nicht verwehrt werden, weil Deutschland an den Fluchtursachen wie Verelendung der Entwicklungsländer, Ausbeutung, Stützung autoritärer Regime und Waffenexporte in Konfliktgebiete mit verantwortlich sei. Doch Deutschland behandle die EU-Außengrenze wie die deutsche Landesgrenze und zwinge den anderen Ländern seine restriktive Einwanderungs- und Asylpolitik auf.

> »Die gleichen Politiker, die sich über die DDR-Mauer entrüsten, sind heute dabei, die Festung Europa undurchdringlich abzuschotten. Nach außen, was nichts besser macht.«[164]

Heute findet Wagenknecht andere Worte. Ihre damaligen Erkenntnisse scheint sie vergessen zu haben. Nun suggeriert sie in einer Reihe von Stellungnahmen seit 2015, dass Deutschland durch die Asylmigration unsicherer geworden sei. 2016 verübte ein von Abschiebung nach Bulgarien bedrohter Syrer in Ansbach einen Selbstmordanschlag. Sein Therapeut hatte zwei Jahre zuvor bereits auf die Gefahr einer symbolischen Selbsttötung hingewiesen, falls sein Patient dorthin abgeschoben würde, wo ihm entwürdigende Behandlung bis hin zu schweren Misshandlungen drohte. Daraufhin stellte Wagenknecht in einer Presseerklärung unmittelbar fest:

> »Auch wenn die konkrete Aufklärung der Hintergründe des Anschlags noch abgewartet werden muss, kann man doch schon so viel sagen: Die Ereignisse der letzten Tage zeigen, dass die Aufnahme und Integration einer großen Zahl von Flüchtlingen und Zuwanderern mit erheblichen Problemen verbunden und schwieriger ist, als Merkels leichtfertiges ›Wir schaffen das‹ uns im letzten Herbst einreden wollte. Der Staat muss jetzt alles dafür tun, dass sich die Menschen in unserem Land wieder sicher fühlen können. Das setzt voraus, dass wir wissen, wer

sich im Land befindet, und nach Möglichkeit auch, wo es Gefahrenpotentiale gibt.«[165]

Die Suggestion, dass sich die Menschen in Deutschland zu Recht nicht mehr sicher fühlten und vor der »verantwortungslosen« Aufnahme von Flüchtlingen durch die Bundesregierung – die tatsächlich mit verschärfter Abschottung auf den aufgezwungen Zuzug reagierte – die Lage sicherer gewesen sei, ist die bekannte Methode, Flüchtlinge als Bedrohung zu stigmatisieren und den starken Staat zu fordern. Die Kriminalität nahm 2015 jedenfalls ab und nicht zu. Die Anzahl von Straftaten ist in den acht Jahren zuvor trotz starker Zuwanderung nach Deutschland immer weiter gesunken.

Es gab also gar keinen Grund für irgendwelche »Unsicherheitsgefühle«, außer man beschwört sie an Einzelereignissen herauf. Wagenknecht wie die gesamte Presse tat genau das. Sie redeten eine scheinbare Gefährdung herbei, um die Bevölkerung künstlich zu verunsichern. Und das vor dem Hintergrund einer realpolitischen Verschärfung und Brutalisierung des Abschottungsregimes gegen Schutzsuchende durch die Bundesregierung, einer medial forcierten Ablenkung des sozialen Frusts auf die Schwächsten und einer Explosion rechter und rechtsradikaler Hassverbrechen gegen die Hilfsbedürftigen.

Wagenknecht stellte Schutzsuchende immer wieder an den Kriminalitätspranger. Als am 19. Dezember 2016 Anis Amri das Attentat auf dem Weihnachtsmarkt in Berlin beging und elf Menschen tötete, gab sie in dem Wochenmagazin Stern der Bundeskanzlerin eine »Mitverantwortung« an dem Massaker.

»Neben der unkontrollierten Grenzöffnung ist da die kaputtgesparte Polizei, die weder personell noch technisch so ausgestattet ist, wie es der Gefahrenlage angemessen ist.«[166]

Eine plumpe Ursache-Wirkungskette wurde ohne Analyse genutzt, um Flüchtlingsaufnahme mit Terror in Verbindung zu bringen und, wie Wagenknecht es zwanzig Jahre zuvor formuliert hatte, den »Polizeistaat« zum Schutz der Deutschen gegen die gefährlichen Eindringlinge als notwendig erscheinen zu lassen.

Im Morgenmagazin des ZDF reagierte Wagenknecht auf Kritik aus der eigenen Partei an ihren Äußerungen. Sie betonte als Grund für die Ereignisse neben der Unterausstattung der Polizei, die den Anschlag gar nicht hätte verhindern können, erneut den Umstand, »dass über eine gewisse Zeit eine Grenzsituation zugelassen wurde, wo wir noch nicht mal wussten, wer ins Land kommt. Natürlich ist das ein Problem. Die Zahl der Gefährder hat sich in der Zeit mehr als verdoppelt. Das muss man einfach zur Kenntnis nehmen«. 2018 äußerte sie in einem Interview mit der Rhein-Neckar-Zeitung: »Der Kontrollverlust, den es im Herbst 2015 gab, hat dieses Land verändert, und zwar nicht zum Besseren. Das darf sich nicht wiederholen«.[167]

Auf diese Weise werden Flüchtlinge verantwortlich gemacht für eine angeblich negative Gesamtentwicklung Deutschlands in den letzten Jahren. Und das, obwohl die Kriminalität in der »Flüchtlingskrise« weiter sank, die volkswirtschaftlichen Daten nach oben gingen, die Kaufkraft der Deutschen auf ein Zwanzig-Jahres-Hoch kletterte, die sozialversicherungspflichtige Beschäftigung zunahm, Jobs, Wirtschaftswachstum und mehr Steuereinnahmen auch durch den Binnenkonsum der Flüchtlinge die fiskalischen Belastungen mehr als neutralisierten. Flüchtlingsschutz war gewissermaßen ein Konjunkturprogramm, bei dem jeder Euro für Flüchtlingsversorgung in der Volkswirtschaft verblieb und die Wirtschaft anregte.

Nach den Vorfällen in der Kölner Silvesternacht 2015/ 2016 stellte Wagenknecht in einem Statement fest: »Wer Gastrecht missbraucht, hat Gastrecht eben auch verwirkt.«

Sie blieb bei dieser Aussage, auch als sie in der eigenen Fraktion dafür heftig kritisiert wurde. Es handelt sich hierbei um eine Formulierung, die auf den damaligen Bundeskanzler Gerhard Schröder (SPD) zurückgeht, eine populistische Wendung, die Schutzsuchende bewusst entrechtet und Law-and-Order-Mentalität an die Stelle von Aufklärung und Hintergründen stellt. Natürlich gibt es kein Gastrecht für Flüchtlinge, sondern für sie gilt die Genfer Flüchtlingskonvention. Schutzsuchende haben das gleiche Recht in Deutschland zu sein, international und national verbürgt, wie jeder Deutsche.[168]

Im Untersuchungsausschuss zur Kölner Silvesternacht im NRW-Landtag wurden alle Medien-Mythen rund um die »neue Dimension von Straftaten« durch einen angeblichen nordafrikanisch-arabischen Sexmob widerlegt. Frauen wurden von der Polizei nicht mit Flüchtlingen alleingelassen. Es gab keine Schweigespirale. Die erhöhte Anzeigenzahl war auch kein Beleg für eine neue Dimension von Straftaten. Vielmehr habe die Empörungswelle über die Vorfälle die Anzeigenbereitschaft der Frauen massiv erhöht und das hohe Dunkelfeld bei sexuellen Delikten aufgehoben. Ansonsten spiegelten die Vorfälle deutsche Normalität.[169]

Doch Wagenknecht ließ sich wie die öffentliche Meinung insgesamt davon nicht beirren und betonte weiter die vermeintlich negativen Auswirkungen der Flüchtlingsaufnahme wie Lohndumping und Konkurrenz auf dem Arbeits- und Wohnungsmarkt, ohne Belege oder Kontexte zu liefern.

Es würde zu weit führen, die Realität der »Flüchtlingskrise«, die in Wahrheit eine Abschottungs- und moralische Krise war, und Wagenknechts Fehldarstellungen und Verzerrung, wie sie die veröffentlichte Debatte insgesamt prägten, darzustellen. In dem Buch »Die Erfindung der bedrohten Republik« habe ich die Strategien der Rechtfertigung des verschärften Abschottungsregimes gegen den Willen der Bürger und die Einsichten der Fachwelt sowie die Hysterisierung der Gesellschaft, die erst zur Rechtsentwicklung führte, ausführlich analysiert.

Wagenknecht fand mit ihren Ansichten zur »Flüchtlingskrise« regelmäßig in der Welt und der Frankfurter Allgemeinen Zeitung Beachtung. In liberalen Zeitungen, die wie die meisten anderen Medien die verschärfte Abschottungspolitik unter Merkels Geschäftsführung bedingungslos unterstützt hatten, warf man Wagenknecht zu Unrecht AfD-Tendenzen vor, um sich selber als »liberal« reinzuwaschen und in die Linke den Spaltpilz einzupflanzen. Letzteres mit Erfolg.

»Wohlstand für alle« und »Germany first«

Dass Wagenknecht bereit war, auf den Stigmatisierungs- und Ressentiment-Zug gegen Flüchtlinge aufzuspringen, war jedoch keineswegs bloß parteipolitischer Aktionismus, sondern offenbart eine Problemzone in ihrem Denken.

Sicherlich glaubte sie in einer Rede auf der Rosa-Luxemburg-Konferenz von 1998 noch, dass die Schwachen nicht gegen die Schwächsten, die Inländer nicht gegen die Ausländer ausgespielt werden dürften. Sie kritisierte damals auch, wie schon gesehen, die fatale Instrumentalisierung von Flüchtlingen als Blitzableiter und Sündenböcke des sozialen Frusts in der Bevölkerung und die »nationalistische Integration« – forciert durch Medien und Politik.[170]

Im Mai 2015, also kurz vor der »Flüchtlingskrise« und dem massenmedialen Krisendiskurs, trat sie in der Frankfurter Rundschau sogar für Fähren für Flüchtlinge und sichere Fluchtwege ein. Auch als das EU-Türkei-Abkommen mit Recep Erdoğan 2016 verhandelt wurde, um den Landweg beziehungsweise die gefahrlosere Mittelmeerroute in die EU zu versperren, führte sie die Linken-Fraktion gegen den »Deal mit dem Diktator« an.[171]

Aber das bedeutet nicht, dass Wagenknecht seit dem »Flüchtlingssommer« 2015 plötzlich von ihrem Kurs abwich, nach rechts rückte oder ein Anti-Flüchtlingsblitz in sie einschlug. Vielmehr findet ihre Positionierung in ihrem eigenen Koordinatensystem, in ihrer politischen Ökonomie statt, die ja der Maxime folgt: »Erst kommt das Fressen, dann die Moral.« Das bedeutet auch: Moralische Verantwortung kann in ihrem politischen Kosmos entsorgt werden, rhetorisch zumindest, wenn andere, höherwertige Zwecke es erfordern. Und sie scheint in der »Flüchtlingskrise« die Notwendigkeit gesehen zu haben, das Spiel »Wir« gegen »Die«, Einheimische gegen Flüchtlinge und Migranten zu bedienen. Sei es nun aus parteipolitischen Erwägungen oder dem Gefühl heraus, auf diesem Wege frustrierte Unterschichten, vom politischen Betrieb entfremdete Bevölkerungsschichten und nach Sicherheit und Identität suchende Menschen zu erreichen, um eine soziale Systemreform umzusetzen.

Flüchtlinge, Flüchtlingsschutz und globale Gerechtigkeit spielen bei Wagenknecht eine eher marginale Rolle. Selbst in den 90er Jahren, als sie noch eine progressive Haltung im Umgang mit Flüchtlingen einnahm, blieb das Thema der Strategie untergeordnet, den politischen Rechtsruck rhetorisch zu nutzen, um die Regierungspolitik und den ausbeuterischen Kapitalismus anzuprangern. In dieser Phase der Neuorientierung übernahm sie Elemente des linken, globalisierungskritischen Zeitgeists und damit auch eine »flüchtlingsfreundliche« Sicht, die aber meines Erachtens nicht tief verwurzelt war, sondern eher strategischen Charakter hatte.

Ihre heutige Position zeigt, dass ihre kritischen Äußerungen von damals nicht prinzipiell gemeint gewesen sein können. Daher kann sie problemlos auf Mainstream-

Positionen einschwenken. Während sie als Fraktionsvorsitzende der Linken die Exzesse der Abschottung durchaus kritisierte – wie den EU-Türkei-Deal und die barbarischen Zustände in Libyen –, sendete sie zugleich unmissverständliche Signale, dass das Abschottungsregime notwendig sei, um einen »Kontrollverlust« wie 2015 zu verhindern. Dieses inhumane Abwehr-Regime gegen Flüchtlinge unterstützte Wagenknecht zwar nie offiziell, aber sie musste es schlicht akzeptieren und voraussetzen – gemäß der Vorgabe, dass Deutschland überfordert sei und nicht mehr Menschen aufnehmen könne. Zudem stellt sie die nationale Perspektive in den Vordergrund: Erst müssen die Deutschen versorgt werden, dann kommen die Flüchtlinge dran.

Wagenknecht übernimmt die üblichen humanitären Fassaden, wie sie seit Jahrzehnten vom Mainstream bereitgestellt werden, um die Härte der politischen Maßnahmen, etwa gegen Flüchtlinge und Migranten, zu verschleiern. Sie spricht von »Hilfe vor Ort« und einem humanen Outsourcing des Flüchtlingsproblems auf die Frontstaaten, die weiter neun von zehn Flüchtlingen versorgen müssen, ohne je die Ressourcen dafür zu erhalten. Zudem zettelt sie eine vollkommen akademische Diskussion über »offene Grenzen« an, die den Fokus vom realexistierenden Abschottungssystem weglenkt, während die »Flüchtlingskrise« unterschwellig in eine Migrationskrise umgedeutet wird.

Schließlich rennt sie mit anderen Linken gegen einen vermeintlichen linken und liberalen »Migrationshype« an, der angeblich im Dienste des Kapitals billiges »Arbeitsmaterial« in die Industriestaaten holen wolle. Warum dann aber die EU unter deutscher Geschäftsführung seit Jahrzehnten Schutzsuchende und Migranten mit allen Mitteln, inklusive brutaler und milliardenschwerer Maßnahmen, am Zugang nach Europa hindert und die Dax-Konzerne sowie die geballte Wirtschaftslobby in der EU nichts dagegen unternehmen, im Gegenteil, verschärfte Abschottung wie den EU-Türkei-Pakt stützen, um den EU-Binnenmarkt zu schützen – dieser Widerspruch wird von den Migrationskritikern nicht einmal wahrgenommen.

Auch stellt »illegale Migration« aus Entwicklungsländern überhaupt kein wirkliches Problem für die Industriestaaten dar, wie die Frontex-Daten und die Zahlen über »Irreguläre« in der EU verdeutlichen. Die EU-Grenzschutzagentur spricht für 2018 vom niedrigsten Level an sogenannten »illegalen Grenzübertritten« seit fünf Jahren: 150 000 »Irreguläre«. Diese Form der Zuwanderung sei in den letzten zehn Jahren auch gar nicht bedrohlich angestiegen, im Gegenteil. Ebensowenig ist es richtig, wie Wagenknecht mit ihren Aussagen immer wieder suggeriert, dass Zuwanderung vom globalen Süden in den Norden an sich schädlich sei – sowohl für die Herkunftsländer (»Brain Drain«), die Migranten selbst und die Zielländer. Die Forschung bestätigt das nicht, sondern zeigt, dass die Effekte insgesamt eher gering sind in Hinsicht auf Kriminalität, Lohndumping und die Volkswirtschaft. Vielmehr dokumentieren zahlreiche Studien, dass Zuwanderung positiv wirken kann, wenn sie richtig organisiert wird. Die Ergebnisse belegen letztlich genau die Meinung, die Wagenknecht in den 90er Jahren vertreten hatte: Nicht die Ausländer sind schuld an den Arbeitsbedingungen, sondern die Unternehmer und die Politik, die nicht die angemessenen Rahmenbedingungen setzt.[172]

Die Ökonomisierung von Migration und Flucht sowie die Ausblendung von humanitären und moralischen Aspekten, die in Wagenknechts einseitigen Stellungnahmen zum Ausdruck kommen, verkürzen außerdem das Problem.

Doch von einer Wende kann nicht gesprochen werden. Wagenknecht aktiviert mit ihrer impliziten Legitimierung von Flüchtlingsabwehr vielmehr einen Kernbestandteil ihrer politischen Ökonomie: nämlich die Unterordnung von Moral unter Ökonomie, die Wohlstand sichern soll, um Ordnung und Ruhe ins System zu bringen.

Dabei sollte bedacht werden: »Wohlstand für alle«, also das Ziel von Wagenknechts »kreativem Sozialismus«, ist ein Codewort. Es bedeutet erstens nicht, wie wir schon sehen konnten, »gleichen und fairen Wohlstand für alle«, sondern eine ungleiche und unfaire Verteilung der Ressourcen, bei der jeder Einzelne im Wettbewerb sein Stück vom Kuchen erkämpfen muss, während die Starken »Leistungsanreize« erhalten sollen. Vor allem ist es nicht »Wohlstand für alle«, sondern national verstanden »Wohlstand primär für Deutsche«. Flüchtlinge und Migranten erscheinen darin als »Kostgänger«, die vom nationalen Wohlstandskuchen etwas abschneiden könnten, das eigentlich für die Einheimischen erkämpft werden soll.

Problemzone: Globale Gerechtigkeit

Konsultiert man Wagenknechts Bücher der letzten Jahre, im Gegensatz zu den tagesaktuellen Statements, dann entdeckt man, dass ihr Fokus auf die »Sorgen« der Einheimischen, ihre Migrationskritik und das Abblenden globaler Verantwortung genau diese Aspekte ihrer politischen Ökonomie forcierten. Zudem erinnern wir uns, dass Wagenknecht den Mauerbau und die Käfighaltung der DDR-Bürger damals befürwortete, weil angeblich ein »Ausbluten« drohte und die Fachkräfte vom Westen abgeworben wurden. Dieses ökonomische Denkschema tauchte in der »Flüchtlingskrise« wieder auf. Nun würden die Industriestaaten dem globalen Süden die Ärzte, Ingenieure und IT-Spezialisten wegnehmen. Mit dem Hinweis auf den Schutz der nationalen Volkswirtschaft der DDR entsorgte Wagenknecht damals ebenfalls Freiheit, Demokratie und Gerechtigkeit.[173]

Im Übrigen vertrat Oskar Lafontaine als SPD-Vizeparteichef direkt nach der Wende eine ähnliche Position. Er trat dafür ein, dass Übersiedler aus dem Osten nur noch im Westen aufgenommen werden sollten, wenn sie dort bereits Wohnung und Arbeit nachweisen konnten. In einem Entwurf für eine Parteitagserklärung forderte er zwei Dinge: »die DDR wirtschaftlich zu stabilisieren, damit die Menschen dort eine Perspektive zum Bleiben haben, ... und zu verhindern, daß das Sozialsystem, der Arbeits- und Wohnungsmarkt der Bundesrepublik überlastet werden, während gleichzeitig die DDR ausblutet«[174]. Auch hier wird ein angeblich volkswirtschaftlicher Schaden als Argument benutzt, um Freiheitsrechte einzuschränken.

In »Reichtum ohne Gier« von 2016 entwirft Wagenknecht ihr Gesellschaftsmodell ausdrücklich vor dem Hintergrund der aktuellen Debatte über die »Flüchtlingskrise«. Sie versucht dabei, die mutmaßliche Rebellion der »Opfer der neoliberalen Politik« gegen Flüchtlinge, globale Verantwortung und liberale Werte als Sprungbrett zu nutzen, um einen »linken Populismus« und ein national verankertes Wirtschaftsprogramm als »Gegengifte« gegen die Verrohung zu verabreichen. Nur so könnten liberale Werte und Moral geschützt und ein Abdriften in Illiberalität verhindert werden.

Doch Wagenknecht betreibt keineswegs die Rettung von Liberalität, sondern ihre Entsorgung in Form globaler Verantwortung. Nach dem Motto: Linke sollten sich wieder um die einheimischen Opfer des »neofeudalen Programms« und die Interessen der Mehrheit der Bürger kümmern. Es sei nicht der Auftrag einer demokratischen Regierung, die »Welt« zu gestalten. Mit suggestiven Mitteln diskreditiert sie dabei »globale Verantwortung« als »Anmaßung«. Diese sei vielmehr die ideologische Außenhülle des »neofeudalen Programms«, das aus undemokratischer Politik, sozialer Ignoranz gegenüber der deutschen Unterschicht und den Interessen der Bevölkerungsmehrheit, einer Zerstörung nationaler Regelungen, Kultur und Tradition sowie einer liberalen Werte-Heuchelei bestehe.[175]

Dabei arbeitet Wagenknecht mit einer Reihe von Fehldarstellungen und blendet wichtige Zusammenhänge aus. So mutmaßt sie, dass »gewendete Linke« und »linksliberale Meinungsführer« schuld daran seien, dass liberale Werte in Frage gestellt würden, die Opfer des neofeudalen Programms rechten Parteien in die Arme liefen und liberale Werte in den Augen vieler Menschen diskreditiert wären.

> »Wer die Aggressivität, mit der liberale Werte heute in Teilen der Gesellschaft infrage gestellt werden, verstehen will, muss bedenken, dass diese Werte als Teil eines politischen Programms empfunden werden, das sich als moralisch überlegen inszeniert, als edel, solidarisch, hilfreich und gut, obwohl die ärmeren Schichten seit Jahren seine völlige Gleichgültigkeit gegenüber ihrem Wunsch nach einem Leben in bescheidenem, aber halbwegs gesichertem Wohlstand erfahren haben.«[176]

Die »gewendeten Linken« hätten der rechten »Verrohung« Vorschub geleistet mit der »Ideologie der Gewinner des Konzernkapitalismus«, dem »Kosmopolitismus«, einem Zuwanderungs-Hype, der nur den »Wohlstandsbürgern« diene und die Abgehängten mit den »Rauschgiftdealern« alleinlasse, einer überzogenen Kritik an rassistischer Diskriminierung bei gleichzeitiger sozialer Kälte sowie einer antinationalen und -sozialen Politik, die mit der »Anmaßung globaler Verantwortung« kaschiert werde.

Wagenknecht bleibt bei all dem vage in ihrer Kritik. Aber es ist erkennbar, dass sie mit den »gewendeten Linken« vor allem SPD und Grüne meint und mit Kosmopolitismus, globaler Verantwortung und politischer Korrektheit im Zuge der »Flüchtlingskrise« Teile der Linken ins Visier nimmt, die sich für eine gerechte Welt und einen humanen Umgang mit Flüchtenden stark machen.

Wagenknecht sagt natürlich nicht, dass das neofeudale Programm und die neoliberale Politik der »gewendeten Linken« mit liberalen Werten identisch sind. Aber sie erzeugt suggestiv eine Verbindung, so dass auf die Werte der Verdacht der Komplizenschaft fallen muss. Diesen Verdacht forciert sie dann auch, indem sie Demokratie in Widerspruch setzt zu »globaler Verantwortung«. Es gäbe »keine demokratische Weltpolitik«. Demokratie sei auf den Nationalstaat begrenzt, so Wagenknecht. Nur dort gebe es die notwendige kulturelle Homogenität, gemeinsame Erzählungen, eine geteilte Öffentlichkeit und Kontrollmöglichkeiten.

Der Handlungsauftrag der Regierungen beziehe sich daher in erster Linie auf die Gestaltung der Verhältnisse im eigenen Land, wo die Wähler lebten, nicht auf die Welt. Alles andere sei »anmaßend« und letztlich »undemokratisch«.

> »Die Anmaßung globaler Verantwortung ist meist nur die schlecht kaschierte Ausrede für das Versagen, die Verhältnisse zum Vorteil der Mehrheit statt zum Vorteil der Konzerne zu gestalten.«[177]

Als ob der kapitalistische Staat sowie die deutsche Regierungspolitik von Schwarz-Gelb über Rot-Grün zu Schwarz-Rot sich jemals um die »Welt« gekümmert hätten. So kann Wagenknecht aber rhetorisch eine Art linke »Kontaktschuld« konstruieren, um »globale Verantwortung«, aufbauend auf liberalen Werten, internationaler Solidarität und dem moralischen Verursacherprinzip in Misskredit zu bringen. Nach dem Motto: Die politischen Eliten und die Linken kümmern sich um Flüchtlinge, aber nicht um Hartz-IV-Empfänger.

Wagenknecht leitet daraus dann die Forderung ab, dass Linke sich zurückbesinnen sollten auf ihre nationalen Kernaufgaben, also für mehr Gerechtigkeit und insbesondere mehr materielle Teilhabe am nationalen Wohlstand für die Abgehängten kämpfen sollten, statt die Welt zu verbessern. Nach der Devise: Erst kommt das Fressen der Einheimischen, dann das der Welt.

Sicherlich würde Wagenknecht nicht so weit gehen, aber die Logik findet sich auch in Sprüchen wie: »Deutschland kann nicht die Welt retten«, »Deutschland ist nicht das Sozialamt der Welt«, wie Bundesinnenminister Horst Seehofer (CSU) es immer wieder formulierte, oder »Sozial geht nur national«, wie die NPD im Europawahlkampf plakatierte. Ihre Rhetorik ist in gewisser Weise der Versuch, um es in Abwandlung des Satzes von Rosa Luxemburg zu sagen, in den »illiberalen Erscheinungen selbst die Gegengifte gegen die illiberalen Übel« zu suchen.

Schaut man hinter die Fassaden von Wagenknechts Verrohungsthese und ihrer Kritik am linken Kosmopolitismus, dann halten die Annahmen darin aber nicht einmal einer oberflächlichen Prüfung stand. Denn *erstens* rührt das aggressive Infragestellen von liberalen Werten, ihre Diskreditierung in Teilen der Bevölkerung und die Abwehr gegen Fremde und Flüchtlinge offensichtlich nicht daher, dass Linke (sprich: SPD und Grüne) sie in Verruf gebracht hätten. Sicherlich ist soziale Ungleichheit ein Problem für jede Gesellschaft, da sie einen Nährboden für Ressentiments bietet. Darauf weist Wagenknecht zu Recht hin. Aber dazu haben alle Regierungen von rechts bis links beigetragen, die mit »Kosmopolitismus«, Emanzipation und globaler »Überheblichkeit«, die Wagenknecht den »gewendeten Linken« unterstellt, nichts zu tun haben.

Zudem bedarf die Aktivierung sozialen Frusts, der Ressentiments und autoritärer Einstellungen gegen Fremde und Minderheiten sowie die Förderung von Indifferenz gegenüber den Problemen der Welt natürlich nicht eines »linksliberalen Kosmopolitismus«. Die Forschungsliteratur zur Diskriminierung von Minderheiten, Rassismus und Fremdenfeindlichkeit ist eindeutig: Rechte Ideologien gedeihen nur, wenn (suggestiv bis offen) diskriminierende Erzählungen angeboten werden. Und die wurden seit der »Flüchtlingskrise« im veröffentlichten Diskurs im Dauerbeschuss geliefert, indem künstlich eine »Jahrhundertkrise« erzeugt wurde. Das ermöglichte einerseits die Blitzableitung des Frusts auf Sündenböcke, andererseits förderte es die »Kaltstellung« moralischer Grundeinstellungen in der Bevölkerung.[178]

Während Wagenknecht den kosmopolitischen Linken die Schuld für die Erosion der liberalen Werte in die Schuhe schiebt – ein gefährliches Spiel –, bereitet sie mit ihrer Stigmatisierung des Flüchtlings als Gefährder, der Umdeutung der »Flüchtlingskrise« in eine bedrohliche Migrationskrise, mit ihrer impliziten Zustimmung zum Abschottungssystem gegen schädliche »Zuwanderungswellen« und einer Rechtfertigung von Almosen-Politik für die Armen im Globalen Süden der illiberalen Erosion und Gleichgültigkeit das Bett. Wagenknecht hätte natürlich auch auf Aufklärung und Information setzen, Hintergründe liefern, für globale Gerechtigkeit eintreten, Fremdenfeindlichkeit zurückweisen und zugleich für soziale Gerechtigkeit im Land kämpfen können.

Es stimmt *zweitens* nicht, dass die Mehrheit der Deutschen gegen globale Verantwortung rebelliert, gegen Solidarität, Gerechtigkeit jenseits von nationalen Grenzen, Hilfsbereitschaft für Flüchtlinge und Elende sowie gegen die moralischen und liberalen Prinzipien – kodifiziert in diversen internationalen Verpflichtungen, der Menschenrechtscharta oder der Genfer Flüchtlingskonvention. Alle Umfragen auch während der »Flüchtlingskrise«, nach den Terroranschlägen in Paris und Belgien und dem von den Medien inszenierten »Sodom und Gomorrha« der Kölner Silvesternacht zeigen eindrücklich, dass die Bürger für weitere Flüchtlingsversorgung in Deutschland wie in Europa und gegen die Verschärfung des Abschottungsregimes sind. Über dreißig Millionen Deutsche haben nach Angaben des Deutschen Spendenrats Schutzsuchenden mit Geld und

Zeit, also konkreten Hilfsleistungen, während der »Krise« unter die Arme gegriffen. Die enorme bürgerschaftliche Willkommenskultur ist Beleg, dass sich die Deutschen in Hinsicht auf globale Verantwortung mit internationalem Recht, moralischen sowie libertären Grundwerten in Übereinstimmung befinden. Soziale und globale Gerechtigkeit bilden für sie eine Einheit und stehen nicht, wie Wagenknecht unterstellt, in Widerspruch zueinander.[179]

Vor allem aber vertritt Wagenknecht ein globales Gerechtigkeitskonzept, das nicht nur extrem vage und zu Teilen reaktionär ist – zumindest in der Rhetorik –, sondern letztlich die Verpflichtungen der Industriestaaten gegenüber den Entwicklungsländern für irrelevant erklärt. So hält sie es für unvermeidbar, den Flüchtlingszuzug in die EU und nach Deutschland zu drosseln, da das Land überfordert sei und die »Problemmenschen« im Globalen Süden bleiben sollen. Das sei die bessere Lösung.[180]

Das ist aber genau das, was die Industriestaaten seit Jahrzehnten umsetzen, mit den allseits bekannten Folgen. So muss der überwältigende Teil der Schutzbedürftigen von ärmlichen Entwicklungsländern geschultert werden. Ein entwürdigendes Lagersystem, das einen grundsätzlichen Verstoß gegen elementare Flüchtlings- und Menschenrechte darstellt, lässt den internationalen Flüchtlingsschutz dabei immer weiter erodieren. Begleitet wird die »Auslagerung« des »Problems« von humanitären Katastrophen, bei denen viele Tausend Fluchttote jedes Jahr im Zuge der immer brutaleren Abwehrmaßnahmen der EU unter deutscher Geschäftsführung nur die Spitze des Eisbergs des massiven menschlichen »Kollateralschadens« darstellen.

Gemessen an den enormen Kapazitäten – ganz zu schweigen vom Verursacherprinzip –, versorgt Deutschland derweil weiter mit rund einer Million anerkannter Flüchtlinge selbst nach der gigantischen Aufnahme von 2015/2016 von den global 70 Millionen internationalen Flüchtlingen und Binnenvertriebenen nur einen sehr kleinen Teil. Außerdem hat sich Deutschland in den letzten zwanzig Jahren fast komplett von einer fairen Flüchtlingsversorgung auch innerhalb der EU abgeschirmt. Das Land hat also in Sachen globaler Gerechtigkeit und Fairness starken Nachholbedarf.

Schließlich ist Abschottung, wie der Migrationsforscher Klaus J. Bade sagt, in einer Welt, in der Fluchtursachen nicht bekämpft, sondern insbesondere mit deutscher Beteiligung gefördert werden, keine moralische Position, sondern eine Bankrotterklärung. Daher braucht es kooperative Abkommen statt Türsteher-Deals wie mit der Türkei.[181]

Zur Dialektik von zufriedenen und hungrigen Staaten

Was bietet Wagenknecht also als Lösung für Elend und Flucht? Ihre Forderung ist einerseits akute Hilfe bei Katastrophen und andererseits »Fluchtursachen bekämpfen«. So müsse Deutschland die schädlichen Einmischungen in andere Länder unterlassen. Das ist sicherlich notwendig und sogar zentral, darunter die Beendigung von Kriegsbeteiligungen, Waffenexporten und unfairen Handelsabkommen. Aber diese Forderung kann auf keinen Fall Ersatz für Flüchtlingsschutz und humanen Umgang mit Krisenmigranten sein – vor allem, wenn sie gar nicht umgesetzt wird, sondern das Gegenteil getan wird, wie Flüchtlingsrechtsexperten seit dreißig Jahren betonten. Es ist zudem keine Rechtfertigung, »globale Verantwortung« auf akute Hilfeleistung zu begrenzen. Das ist es aber, worauf Wagenknecht die Verpflichtungen Deutschlands gegenüber dem Globalen Süden beschränkt.

»(W)enn europäische Regierungen und erst recht die amerikanische ihre Politik dahingehend korrigieren würden, dass sie nicht länger zur Verschlimmerung von Armut und Elend in aller Welt beiträgt, und wenn dort, wo akute Hilfe gebraucht wird, auch tatsächlich geholfen würde, wäre schon viel gewonnen«[182]

So weist Wagenknecht zum Beispiel immer wieder auf die Summe von 20 Milliarden Dollar hin, die laut UN ausreichten, um den weltweiten Hunger zu beseitigen. Diese Summe sollten die reichen Länder bereitstellen. Das wäre sicherlich sinnvoll, wobei die Statistiker der Ernährungs- und Landwirtschaftsorganisation der Vereinten Nationen (FAO) tatsächlich von mindestens 50 Milliarden pro Jahr ausgehen, um Hunger nicht ganz, aber zu großen Teilen zu überwinden. Aber die Verpflichtungen und Ansprüchen gehen über solche »akute Hilfe« dort, wo sie notwendig ist, weit hinaus.[183]

Denn um zum Beispiel angemessenen Schutz für Flüchtlinge und Binnenvertriebene »vor Ort« außerhalb der EU zu gewährleisten, die von den Industriestaaten zu verantwortende Adaption an den Klimawandel und die notwendige Energiewende für die Entwicklungsländer zu finanzieren sowie die Entwicklungshilfe als Reparation für die kolonialen Verwüstungen an die offiziellen Versprechungen anzupassen – jenseits der üblichen Zahlentricks und Aufblähungen also mindestens 0,7 Prozent des Bruttonationalprodukts, wobei die ursprünglich Forderung in den 70er Jahren bei 1 Prozent lag –, dann erhöht sich allein für Deutschland die Summe auf bis zu 100 Milliarden Euro, die die Bundesregierung den »hungrigen Staaten« jedes Jahr vorenthält. Das sind Zahlungsverpflichtungen, keine Samariterdienste, die die Industriestaaten auch prinzipiell, wenn auch nur auf dem Papier und unverbindlich, anerkannt haben.[184]

Doch nicht nur diese Zahlungsverweigerung, sondern auch der generelle Anspruch der Entwicklungsländer auf Kompensation der angehäuften Schulden wird von der linkspopulistischen »Sprache der Arbeiter« und nicht-anmaßenden Dritte-Welt-Politik, die globale Verantwortung in die Grenzen des nationalen Nicht-Schädigens und unverbindlichen Almosen-Verteilens je nach Geberlaune eingrenzt, ausgeblendet und entsorgt.

Moralisch ist Wagenknechts Rhetorik und faktische Entsorgung globaler Gerechtigkeit nicht zu rechtfertigen. Denn »unser« Reichtum ist keineswegs von »uns« geschaffen worden. Er ist durch und durch global erwirtschaftet. Schließlich basiert der Reichtum der reichen Staaten auf Jahrhunderten von Gewalt, Gier, Ausbeutung und Unterdrückung der sogenannten Entwicklungsländer. Die Forderungen aus dem Globalen Süden nach einer »neuen Weltordnung« werden aber bis heute vom Norden überhört, während sich auch Linke bei der Wohlstandsverteilung von der Weltbühne verabschiedet haben.

Wagenknecht nimmt mit ihrer Entsorgung globaler Verantwortung Gedanken auf, die unter anderem der konservative britische Ökonom Paul Collier in den letzten Jahren immer wieder äußerte. Auch er bindet Demokratie und eine funktionierende Wirtschaft an »Vertrauen« und gleiche soziale Normen. Daher sieht er in Migration aus dem globalen Süden eine Gefahr für die westlichen Demokratien und ihren Wohlstand. Collier gibt Bundeskanzlerin Angela Merkel (CDU) wegen ihrer »Grenzöffnung« die Schuld nicht nur am Tod der Flüchtlinge im Mittelmeer – die in der Realität wegen eines verschärften Abschottungsregimes starben, das insbesondere Merkel installierte –, sondern auch dafür, dass Millionen sich auf den Weg Richtung Europa machen könnten:

»Eine reiche Gesellschaft hat ein soziales Modell, das sehr gut funktioniert. Wir vertrauen einander, können zusammenarbeiten, zumindest tolerieren wir einander. Und wir sind großzügig: Die Reichen sind bereit zur Umverteilung an Ärmere. Wir haben ein Gefühl der Zusammengehörigkeit. In armen Ländern wie Somalia gibt es das nur in der Familie, nicht für eine ganze Nation.«[185]

Auch hier herrscht die gleiche Denkfigur: »großzügiges« Umverteilen an die Ärmeren bei Collier, Nicht-Schädigen und akute Hilfe bei Wagenknecht, alles andere ist »Anmaßung«.

Globale Probleme zu lösen ist selbstredend nicht im nationalen Rahmen möglich, wie Wagenknecht suggeriert, weder die Flüchtlings- noch die Klima- oder die Armuts- und Hungerkrise. All das braucht internationale Kooperation, internationale Foren, internationalen Druck von Linken, Gewerkschaften, Kirchen, Arbeiterbewegungen und der Zivilgesellschaft, vor allem, wenn es darum geht, das globale Apartheidsystem abzumildern und abzubauen. Das hat Wagenknecht in den 90er Jahren auch klar gesehen. So sagte sie bei der Euro-Einführung:

> »Der Versuch liegt nahe, den Unmut der Betroffenen in den nationalistischen Sumpf abzulenken. Die Reaktion linker, fortschrittlicher Kräfte kann eigentlich nur sein, europaweit verstärkt zusammenzuarbeiten. Gewerkschaftliche Arbeitskämpfe dürfen künftig nicht mehr an den nationalen Grenzen Halt machen. Auch linke Parteien sollten ihre Erfahrungen viel stärker austauschen und versuchen, ihre Vorgehensweise abzustimmen. Das ist die wichtigste Voraussetzung, damit Widerstand gegen die asozialen Entwicklungen wieder eine Chance bekommt. Im nationalen Rahmen allein läßt sich heute nichts mehr bewegen.«[186]

Grundsätzliche Veränderungen könnten auch »nicht in einem Land« stattfinden, so Wagenknecht, da Kapitalflucht und Angriffe auf die Währung vor allem bei einer Enteignung von großen Industriekonzernen die Folge wären. Es brauche eine Reform in mindestens einem Wirtschaftsraum wie dem des Euro. Daher sei Kooperation der Linken über Ländergrenzen hinweg essentiell. Damals sah Wagenknecht auch klar die globalen Gründe für die Rechtsentwicklungen:

»Daß überall neofaschistische Kräfte erstarken und ho-
fiert werden, ist doch kein Zufall. Die reformerischen
Nachkriegsgesellschaften waren nie das globale Modell
des Kapitalismus. Inzwischen sind sie auch in ihrer letzten Bastion, in Kontinentaleuropa, in Auflösung begrif-
fen. Diese vergleichsweise zivilisierten Formen kapitalistischer Produktion wird es bald nicht mehr geben. Der
Sozialismus ist nicht nur die Alternative dazu. Er ist die
einzige Alternative zu einem Abdriften der menschlichen
Zivilisation in Verhältnisse, die nur mit dem Begriff der
Barbarei angemessen zu umschreiben sind.«[187]

Heute ist Wagenknechts Blickwinkel dagegen national ausgerichtet, auf Schutz und Sicherheit gepolt. Die EU hält sie
für gescheitert, denn Demokratie gäbe es heute nur innerhalb der Nationalstaaten.

»Demokratie gedeiht nicht in jedem Biotop, sie hat Voraussetzungen. Diese Voraussetzungen sind innerhalb
der europäischen Staaten im Ergebnis einer langen Geschichte vorhanden, auf europäischer Ebene sind sie
es nicht. Die Verständigungsformen und politischen
Erzählungen in den einzelnen Ländern sind bis heute
viel zu unterschiedlich, um sie auf einen gemeinsamen
demokratischen Nenner zu bringen. Das hat nichts mit
Abstammung und Genen zu tun, wie die Rechte uns
weismachen will, sondern mit historisch gewachsenen
Kulturen und Traditionen.«[188]

Aber dass die EU von Technokraten ohne demokratische
Legitimität geführt wird, demokratische Institutionen feh-
len und die Politik in zentralen Bereichen von den Interessen des Powerhouse Deutschland dominiert wird, ist nicht
das Resultat von unterschiedlichen »politischen Erzählungen« und »Verständigungsformen«, sondern den Interessen

der mächtigen Nationalstaaten im Norden geschuldet, insbesondere Deutschlands und Frankreichs, die die politische Steuerung der EU zu großen Teilen an nationalen Konzerninteressen ausrichten.

Ein weiterer Einwand Wagenknechts schließt an die linke Publizistin Chantal Mouffe an, die behauptet, dass die internationale »Zivilgesellschaft« ein demokratiefreier Raum sei, in dem transnationale Unternehmen den Ton angäben und daher internationale Entscheidungsfindung nicht demokratisch sein könne. Damit gibt sie die Möglichkeit von Politik jenseits nationalstaatlicher Grenzen als undemokratisch und bloßen Spielplatz des transnationalen Kapitals auf – und somit auch die »kosmopolitische« und internationale Verantwortung.

Sicherlich, die G7-Staaten, der Internationale Währungsfonds oder die Welthandelsorganisation stellen intransparente und totalitäre Politikzonen dar ohne jegliche öffentliche Kontrolle. Doch damit ist die internationale Arena nicht per se undemokratisch und gegen die Interessen der Bürger gerichtet.

Auch die nationalen Regierungen folgen, wie Studien zeigen, nicht den Interessen der Bevölkerungsmehrheit. Zudem erhält die G7-Gruppe ihre Macht von den reichsten Industriestaaten, deren nationale Regierungsvertreter sich in diesen Gremien versammeln. Es wäre also sinnvoll, für demokratische und transparente Foren, bei denen die Staaten des Globalen Südens eine Stimme erhalten, zu kämpfen und gleichzeitig die Regierung national unter Druck zu setzen, gemäß Recht, Moral und den von Bürgern vertretenen Werten auf der internationalen Bühne zu agieren. Die Forderungen der South Commission nach einer neuen Weltordnung sind ja weiter aktuell.

8. Schluss: Die linke Sackgasse

Sahra Wagenknecht wurde Politikerin, weil sie ihr Land verlor und der »erste Sozialismus« unterging. Sie hielt die sozialistischen Ansprüche nach der Wende wach und stellte sich gegen ihren intellektuellen Ausverkauf. Sie blieb standhaft, wie die Publizistin Daniela Dahn und einige andere, als sich nach der Wende die meisten in die Arme des bundesrepublikanischen Kapitalismus warfen. Während sich Wagenknechts ökonomische Kritik verfeinerte, entwickelte sie einen Gegenentwurf für eine andere Wirtschaftsordnung – dabei immer angetrieben von Erkenntnisinteresse.

Sie korrigierte Standpunkte, arbeitete sich in die Mechanik eines Kapitalismus ein, der sich immer stärker selbst ausweidet, das soziale Gewebe auch der Industriestaaten zunehmend zerstört und Krise auf Krise türmt. Mit Sachverstand hebelte sie seit den 90er Jahren die neoliberale Rhetorik aus, wo immer sie auftritt. Und sie legte den Finger in die Wunde einer immer weniger leistungsfähigen und unsozialen Volkswirtschaft. Sie blieb fokussiert und machte vielen Menschen mit ihrer Analyse und Kritik Mut.

So wird sie im Laufe der Jahre trotz Widerständen gegen ihren »Kommunismus« Stück für Stück zur Ikone der Linken, verbindet dabei fast spielerisch Kapitalismuskritik mit dem Alltagskampf für soziale Reformen. Das unterscheidet sie von den Helden der 68er-Proteste im Westen, die in ihrem Marsch durch die Institutionen den Kurs aus den Augen verloren haben.

Sahra Wagenknechts Marsch durch die Nachwende-BRD verläuft anders. Sie bleibt auf Kurs, weil ihr Antrieb tiefer wurzelt. Und weil die Politikerin Wagenknecht mit

der politischen Ökonomin Wagenknecht gemeinsam voran-
geht. Sie vertritt dabei einerseits realpolitische Reformen
mit ökonomischem Sachverstand, der weiß, wie der realexistierende Kapitalismus funktioniert. Ihr eigentliches Ziel
ist aber der Systemwechsel. Denn, wie sie früh feststellt:
Lösungen innerhalb des kapitalistischen Systems stellen
keine Überwindung des Grundübels dar.

Daher kreisen ihre Gedanken immer wieder um ein ge-
sellschaftliches Alternativmodell. Ihr Gegenentwurf besteht in einer sozialeren Leistungsgesellschaft, orientiert an
maximalem Output und Wohlstand. Das beinhaltet die Entmachtung des Großkapitals, die langsame Ersetzung durch
eine Eliteklasse, die den Laden in Zukunft allein organisieren soll, und mehr Markt und Konkurrenz, während der
geplünderte Teil der Welt grosso modo mit Versprechungen
abgespeist wird.

Doch damit wird, wie gezeigt, der Kapitalismus mit
seinem Urübel nicht wie versprochen überwunden. Das
moralische Dilemma von Freiheitsbeschneidungen, Unge-
rechtigkeiten und Machtballungen schwelt auch in Wagenknechts »kreativem Sozialismus« weiter. Dieser endet im
Versuch, den Kapitalismus mit seinen eigenen Mitteln zu
schlagen. Wagenknecht glaubt dabei nicht wie Adam Smith
an Ergebnisgleichheit, sondern an gleiche Chancen, also
Leistungsgerechtigkeit.

Ihre Reform, die im Kern einen revolutionären »Enteig-
nungsakt« enthält, ermöglicht keine Demokratisierung von
unten, Freiheit und Gerechtigkeit. Ihre soziale Marktwirtschaft 2.0 befördert auch nicht, wie Wagenknecht meint,
menschliche Kreativität und »Mannigfaltigkeit«.

Elitenkoordination, Märkte und Parteien sollten vielmehr
auf lange Sicht überwunden und durch bessere Institutionen
ersetzt werden. Dafür gibt es Modelle wie das einer demokratischen Planung oder regionalen Wirtschaftsdemokratie. Realpolitisch kann zudem davon ausgegangen werden,

dass die revolutionäre Entmachtung des Großkapitals, wenn es denn dazu kommen sollte – mit seinen durchaus chaotischen und kämpferischen Abläufen –, am Ende die Koordiniererklasse mit in den Abgrund ziehen wird. Und wenn nicht, dann wird diese neue tonangebende Klasse die »Masse« genauso in Schach halten wie die vorherige, um Privilegien zu verteidigen.

Wagenknechts Lob der »klugen Köpfe« sowie die Entsorgung globaler Gerechtigkeit ist keineswegs rein parteistrategisch begründet. Ihre Haltung wurzelt im Konzept einer Elitendemokratie und der Apologie nationalen Reichtums, mit diversen anti-libertären Schwingungen, die generell in linken und marxistischen Strömungen anzutreffen sind. Ihre geistigen Inspirationen stammen nicht zufällig von Goethe und Hegel, konservativ-bürgerlichen Denkern. Heute schließt sie an Intellektuelle wie Paul Collier oder Bernd Stegemann an, die Moral entsorgen und sich im Angesicht des kapitalistischen Weltsturms ins nationale Schneckenhaus der reichen Industriestaaten zurückziehen wollen.

Eine wiederbelebte soziale Marktwirtschaft ist als Ziel aber eine Sackgasse, in die sich die Linke und die Sozialdemokratie seit rund hundert Jahren zunehmend verstrickt haben. Dabei ist die Maxime »Erst kommt das Fressen, dann die Moral« eine toxische Ausgangsbasis, vor allem, wenn sie nationalegoistisch interpretiert wird. Die Geschichte des Scheiterns des gebändigten Marktes und der marktsozialistischen Experimente sollte klar machen, dass es eines anderen Fundaments und einer freiheitlichen Vision bedarf, die wieder auf das zurückgreift, von dem aus der historische Kampf um die gesellschaftliche Emanzipation des Menschen aus der fremdverschuldeten Unmündigkeit gestartet war. So sollte Wilhelm von Humboldt nicht nur gepriesen, sondern beim Wort genommen werden. Denn menschliche »Mannigfaltigkeit« und Freiheit sind für klassische Liberale nicht nur Floskeln. Sie drängen auf gesellschaftliche Institutionen, die sie ermöglichen und fördern. Unter der Herrschaft freier Märkte und in einer Konkurrenzgesellschaft, wie gut auch immer sie reguliert sein mag, bleiben solche Grundwerte Abfallprodukte und Nebeneffekte – sofern sie überhaupt einkalkuliert sind.

Auf diese Weise haben Linke, Sozialdemokraten und Gewerkschaften ihre visionäre Zugkraft verloren und ziehen seit Jahrzehnten eine zunehmend ermüdende, atomisierte Arbeiterschaft hinter sich her, oft kleinbürgerlich auf Sicherheit bedacht, vom neoliberalen Kapitalismus desillusioniert und mit Frustableitung auf Schwächere, fremde »Kostgänger« und »Störenfriede« der nationalen Ordnung gefüttert.

Der Kampf für eine andere Gesellschaft ist zudem nicht nur ein rein legislativer Vorgang, wie libertäre Sozialisten und Anarchisten herausstellen, bei dem ausschließlich eine neue Eigentumsordnung geschaffen werden müsse. Es ist zugleich ein Bewusstseinswandel, eine spirituelle Erneuerung, ein zu beförderndes Verlangen nach Freiheit und Gerechtigkeit in der Bevölkerung, aus dem die gesellschaftliche Neuorganisation erst resultiert. Ein solches politisches Bewusstsein liefert erst die nötige Kraft und Inspiration, um sich für den Aufbau von gesellschaftlichen Einrichtungen einzusetzen, die Freiheit, Kreativität, Gleichheit und Solidarität wiederum stimulieren.

Aber Wagenknecht stutzt das gesellschaftliche Ideal, der sozialdemokratischen Tradition seit dem Zweiten Weltkrieg folgend, auf »Wohlstand für alle« zurück, der von einer Koordiniererklasse in einer Marktgesellschaft organisiert werden soll. Es geht nicht mehr wie im klassischen Liberalismus, bei libertären Sozialisten und den Arbeiterbewegungen um »Kreativität für alle«, »erfüllende, gute Arbeit für alle« und auch nicht um »volle Kontrolle der Arbeitenden über ihre Arbeit«.

Folglich werden anti-libertäre und illiberale Einstellungen an die Oberfläche gespült, wenn das primäre Ziel es zu erfordern scheint. Darin liegt der Grund für die Volatilität in Wagenknechts Wertesystem, das Changieren in ihren politischen Positionen sowie ihr oszillierendes Moralverständnis. Darin drücken sich die Spannungen eines Programms aus, das moralisch motiviert ist, bei gleichzeitiger Abwehr von Moral. Denn ihr Denkgebäude, so sehr es von Ungerechtigkeit motiviert ist, wehrt Bestrebungen ab, die über eine Wohlstands- und Verteilmoral im nationalen Rahmen hinausgehen, und disloziert Freiheitsbestrebungen ins »Land Nirgendwo«, die gegen eine von oben gesteuerte Ordnung gerichtet sind – ob nun in der Ökonomie oder der Politik.

Zugleich beginnt Wagenknechts sozialistische Politik der letzten Jahre den moralischen Rückzug anzutreten. Sie hält Linken vor, sich mit ihrer Moral, ihren »versponnenen« und »anmaßenden« Ideen gegen die Unterschichten zu stellen und die Arbeiter mit ihren Bedürfnissen zu verraten. Und das, während Politik und Medien Kleinbürgergeist und Sicherheitsbedürfnisse am Fließband produzieren, Einheimische gegen Minderheiten aufbringen und progressive Kräfte spalten, um von den eigentlichen Frustverursachern abzulenken. 1998 sagte Wagenknecht, dass die Lösung für die Krise »nicht in einer besseren Moral, sondern in einer veränderten Ökonomie« liege. Doch was ist eine Ökonomie wert, die nicht auf Moral aufbaut?[189]

Es gibt Auswege aus dem linken Dilemma. Die neu gewählte Abgeordnete im Repräsentantenhaus der Vereinigten Staaten Alexandria Ocasio-Cortez von den Demokraten zeigt einen. Sie stammt aus der Bronx und bezeichnet sich selbst als demokratische Sozialistin. Sie fordert eine staatliche Gesundheitsversorgung, eine Anhebung des Mindestlohns auf 15 Dollar pro Stunde und zugleich die Abschaffung der Immigrationsbehörde. Ihre radikale Reformagenda ist organisch aus kommunalen Bewegungen hervorgegangen und wird von ihnen getragen. Ihr radikaler »Green New Deal« sowie ihre politische Sprache kommunizieren mit unterschiedlichen Schichten und Interessen in der Gesellschaft. Sie baut Brücken zwischen Klimaschutz und ökonomischer Umverteilung, sozialer und globaler Gerechtigkeit, Minderheitenrechten und Arbeiterinteressen, radikaler Demokratie und parteipolitischem Realismus. Es ist eine Reformpolitik mit revolutionärem Aufbruchsgeist gemäß der Devise: Nach der Reform ist vor der Reform.

Was bleibt also von Wagenknechts Programm unterm Strich? Sie will wie Jean-Luc Mélenchon in Frankreich, aber auch Jeremy Corbyn und Bernie Sanders in Großbritannien und den USA den Staat und die Gesellschaft gegen den Markt stärken und weitreichendere Eingriffe in die kapitalistische Ökonomie ermöglichen. Linke Parteien wie die Grünen und Sozialdemokraten dagegen haben eine solche Position theoretisch wie auch in der Realpolitik längst aufgegeben – trotz aller Rhetorik und politischer Kosmetik.

Wagenknecht verteidigt demgegenüber seit dreißig Jahren das Eintreten für mehr soziale Gerechtigkeit und eine Antikriegshaltung. Sie befördert mit ihrer Kritik am neoliberal-globalisierten Kapitalismus den Appetit auf eine andere, bessere Welt. Ihr Lob des freien Unternehmertums, eines Top-Down-Managements, der von Konkurrenz angetriebenen Leistungsgesellschaft, des Sicherheitsstaates und nationaler Autarkie, ihre Entsorgung globaler Verantwortung sowie ihre Neigung zu populistischen Rhetoriken sind aber kaum angetan, dem Hunger nach Freiheit jenseits von Reformzielen das geistige Mahl zu bereiten, dessen er bedarf, um nicht nach der erstbesten Abspeisung im politischen Alltagskampf wieder aufzutauchen.

Danksagung

Ein Quell nicht nur für dieses Buch ist die Freiheit und Kreativität, die mir meine Eltern Mechtild und Anton Gößmann ermöglichten. Mein herzlicher Dank geht auch an meine Frau Antje und meinen Sohn Hannes, die mir den Rücken freihielten, mich bestärkten und korrigierten. Ohne sie wäre es nicht möglich gewesen, das Buch zu schreiben. Der Austausch mit Fabian Scheidler und Daniela Dahn hat das Buch ebenso inspiriert wie die Analysen des politischen Dissidenten Noam Chomsky. Die Idee des Buchs geht zurück auf den Verleger Dr. Matthias Oehme. Es ist sein Verdienst, das Buch auf den Weg gebracht zu haben. Mein Dank gilt last, but not least, dem Lektor des Buchs Dr. Patrick Baumgärtel und Simone Uthleb von der Öffentlichkeitsarbeit des Verlags sowie allen, die an dem Buch mitgewirkt haben.

Anmerkungen

1 Hans-Dieter Schütt, Zu jung, um wahr zu sein? Gespräche mit Sahra Wagenknecht, 1995, S. 64

2 Schütt, a. a. O., S. 153

3 Andreas Rödder, Deutschland einig Vaterland. Die Geschichte der Wiedervereinigung, 2009, S. 66

4 Schütt, a. a. O., S. 77

5 Schütt, a. a. O., S. 78

6 Schütt, a. a. O., S. 124

7 Schütt, a. a. O., S. 78

8 Siehe: Sarah Wagenknecht, Antisozialistische Strategien im Zeitalter der Systemauseinandersetzung. Zwei Taktiken gegen die sozialistische Welt, 1995.; Schütt, a. a. O., S. 141

9 Schütt, a. a. O., S. 23 (Sahra Wagenknecht, Honecker. Ein Nachruf, zuerst erschienen in: KONKRET, 7/1994)

10 Schütt, a. a. O., S. 43, 124, 136, 137, Absetzung Ulbrichts und zu Gorbatschow: S. 143 ff.

11 Daniela Dahn, Wir sind der Staat. Warum Volk sein nicht genügt, 2013, S. 62

12 Schütt, a. a. O., S. 22–27, 31, 114–116

13 Siehe: Noam Chomsky, Deterring Democracy, 1992

14 Über die Rolle der DDR im Afghanistankrieg siehe: Thomas Ruttig, Aus Bündnistreue zur Sowjetunion. Eine kurze Suche nach der DDR-Entwicklungszusammenarbeit mit Afghanistan und den Spuren, die sie hinterlassen hat. In: Ostalgie International, Erinnerungen an die DDR von Nicaragua bis Vietnam, hrsg. von Thomas Kunze et al., 2010, S. 127–138

15 Kapital, Crash, Krise... Kein Ausweg in Sicht? Fragen an Sahra Wagenknecht, 1998, S. 113

16 Schütt, a. a. O., S. 40 ff.

17 Siehe: Brian Glick, War at Home, 1999

18 Siehe: Sahra Wagenknecht, Couragiert gegen den Strom, 2017, S. 72: »Ich habe aus Wut und Trotz, um mich von den Karrieristen abzugrenzen, nicht nur das DDR-System, sondern sogar die Mauer verteidigt.« Das sei unreif gewesen, sie habe aber gemeint, das tun zu müssen, »um nicht Teil des opportunistischen Zeitgeistes zu werden«.

19 Siehe: Detlef Borchers, Missing Link. Grundrechtsabbau fürs »Staatswohl« – 50 Jahre Notstandsgesetze, heise online, 27. 5. 2018; https://www.heise.de/newsticker/meldung/Missing-Link-Grundrechtsabbau-fuers-Staatswohl-50-Jahre-Notstandsgesetze-4059232.html

20 Vgl. Noam Chomsky, Hegemony or Survival. America's Quest for Global Dominance, 2003

21 Siehe u. a.: Rosa Luxemburg, Zur russischen Revolution, zuerst veröffentlicht von Paul Levi, in: Gesammelte Werke, Bd. 4, 2000, S. 332–362 und Siegfried Heimann, Die Oktoberrevolution im Urteil der deutschen Arbeiterbewegung, 6. 10. 2013,Globkult Magazin; https://www.globkult.de/werte/907-die-oktoberrevolution-im-urteil-der-deutschenarbeiterbewegung

22 Karl Marx, Über die Bauernbefreiung in Rußland, in: Karl Marx/Friedrich Engels, Werke, Bd. 12, Berlin 1961, S. 673–682

23 Schütt, a. a. O., S. 51 f.

24 Sahra Wagenknecht, »Es ist Zeit, sich damit nicht länger abzufinden«, Stellungnahme der Fraktionsvorsitzenden der Linken im Bundestag, 7. 11. 2017; https://www.linksfraktion.de/themen/nachrichten/detail/es-ist-zeit-sich-damit-nicht-laenger-abzufinden/

25 Sahra Wagenknecht, Kapitalismus, was tun? Schriften zur Krise, 2013, S. 79. Zuerst erschienen in: Kapitalismus im Koma, 2003

26 Kapital, Crash, Krise, a. a. O., S. 7–34

27 Couragiert gegen den Strom, a. a. O., S. 132

28 Kapitalismus, was tun?, a. a. O., S. 122 f.

29 Kapitalismus, was tun?, a. a. O., S. 90

30 Kapitalismus, was tun?, a. a. O., S. 180

31 Kapitalismus, was tun?, a. a. O., S. 133

32 Kapital, Crash, Krise, a. a. O. S. 80, 97ff.

33 Kapitalismus, was tun?, a. a. O., S. 111

34 Kapitalismus, was tun?, a. a. O., S. 151 ff.

35 Kapitalismus, was tun?, a. a. O., S. 233 ff.

36 Kapital, Crash, Krise, a. a. O., S. 75, 82 f.

37 Kapital, Crash, Krise, a. a. O., S. 82

38 Kapitalismus, was tun?, a. a. O., S. 49 f.

39 Sahra Wagenknecht, Freiheit statt Kapitalismus, 2011, S. 214

40 Freiheit statt Kapitalismus, a. a. O., S. 374 ff., S. 263 f., S. 265–287; Reichtum ohne Gier, a. a. O., S. 288–311; Kapitalismus, was tun?, a. a. O., S. 98

41 Freiheit statt Kapitalismus, a. a. O., S. 223–237

42 Reichtum ohne Gier, a. a. O., S. 52

43 Freiheit statt Kapitalismus, a. a. O., S. 181

44 Freiheit statt Kapitalismus, a. a. O., S. 171 ff.

45 Siehe u. a.: Don Harris, Capital Accumulation and Income Distribution, 1978; Stephen Marglin, Growth, Distribution and Prices, 1984; Lance Taylor, Income Distribution, Inflation and Growth, 1991 oder Robin Hahnel, Economic Justice and Democracy. From Competition To Cooperation, 2005, S. 58–64

46 Freiheit statt Kapitalismus, a. a. O., S. 160

47 Siehe: Herman E. Daly, From Uneconomic Growth to Steady-State Economy, 2014

48 Freiheit statt Kapitalismus, a. a. O., S. 186

49 Paul Watkiss, Jenny Troeltzsch et al, The Economic Cost of Climate Change in Europe. Synthesis Report on State of Knowledge and Key Research Gap, Mai 2018. Die Studie kommt zu dem Schluss, dass die Kosten bei weiterer Erwärmung für Europa massiv sind. Allein die Schäden in den Bereichen

Gesundheit, Küstenschutz, Flussüberschwemmungen, Energie und Transport summierten sich bei einem 4-Grad-Szenario bis zum Jahr 2080 auf bis zu 750 Milliarden Euro jährlich. Für die Landwirtschaft, Biodiversität, das Wassermanagement und die Wirtschaft wären die Unkosten noch deutlich höher; https://www.ecologic.eu/sites/files/publication/2018/2811-coacch-review-synthesis-updatedjune- 2018.pdf

50 Florian Zerzawy, Swantje Fiedler et al., Subventionen für fossile Energien in Deutschland, 2017; www.greenpeace.de/files/publications/2017-07-04_gpd_report_subventionen_fuer_fossile_energien_in_deutschland.pdf

51 Extreme Carbon Inequality. Why the Paris climate deal must put the poorest, lowest emitting and most vulnerable people first, Oxfam-Studie, 2015; https://wwwcdn. oxfam.org/s3fs-public/file_attachments/mb-extreme-carbon-inequality-021215-en.pdf

52 Siehe David Goeßmann, Wir Schlafwandler: G-20 Fieberträume, Klimaretter-Halluzinationen und der allzu reale Crashkurs, Kontext TV, 5. 7. 2015; http://www.kontext-tv.de/de/blog/wir-schlafwandler-g-20-fiebertraeume-klimaretterhalluzinationen-und-der-allzu-reale-crashkurs

53 Couragiert gegen den Strom, a. a. O., S. 109

54 Kevin Anderson, »Open Letter to the EU Commission president about the unscientific framing of its 2030 decarbonisation target«, kevinanderson.info, 16. 12. 2013; http://kevinanderson.info/blog/open-letter-to-the-eu-commission-president-about-theunscientific-framing-of-its-2030-decarbonisation-target/; »›Sie verbrennen den Planeten‹: Eine Bilanz des Klimagipfels in Paris«, Kontext TV, 21. 1. 2015; http://www.kontexttv.de/de/sendungen/sie-verbrennen-den-planeten-eine-bilanz-des-klimagipfels-paris; für die wissenschaftliche Diskussion des verbleibenden Treibhausgasbudgets und der Aufteilung unter den Industriestaaten und Entwicklungsländern (Annex 1 bzw. non-Annex 1) siehe: Kevin Anderson, Alice Bows-Larkin, »Beyond dangerous climate change: emission pathways for a new world«, Philosophical Transactions Of The Royal Society A: Mathematical, Physical And Engineering Sciences 369, 2011, S. 20–44

55 Zum Bedarf und zur Finanzierungslücke bei der Klimafinanzierung siehe: David Goeßmann, Wir Schlafwandler, a. a. O. und David Goeßmann, »Die gefährlichen Lügen von Paris«, 27. 11. 2015; http://www.kontext-tv.de/de/blog/die-gefahrlichen-lugen-von-paris. Der Anteil Deutschlands an der Klimafinanzierung ist rund zehn Prozent, gemessen am Anteil, den Deutschland am UN-Budget hat. Er deckt sich auch mit dem BIP-Anteil der Bundesrepublik innerhalb der OECD-Staaten.

56 Der Journalist Fabian Scheidler verweist zum Beispiel darauf, dass eine Änderung der Eigentumsverhältnisse im Sinne Wagenknechts allein noch keine Lösung der globalen Krisen bedeute. »Sahra Wagenknechts Vorschläge sind hilfreich, um sich dem Thema der Rechtsformen zu nähern. Allerdings tragen sie den globalen ökologischen Auswirkungen wirtschaftlichen Handelns kaum Rechnung. Die Belegschaft einer öffentlichen Gesellschaft, samt der im Kontrollgremium vertretenen Lokal- oder Landespolitiker, kann durchaus ein Interesse daran haben, auf Kosten der übrigen Welt zu wirtschaften.

Automobilhersteller wie VW oder Waffenproduzenten wie Heckler & Koch als öffentliche Gesellschaften hätten wahrscheinlich dieselben verheerenden globalen Auswirkungen wie heute, denn die Arbeitsplätze sind den meisten Beschäftigen und Politikern am Ende oft wichtiger als die Menschen in Bangladesch, die ihr Land durch das Klimachaos verlieren, oder die Mexikaner, die von deutschen Maschinengewehren getötet werden«. In: Fabian Scheidler, Chaos. Das neue Zeitalter der Revolutionen, 2017, S. 128

57 Siehe Kapital, Crash, Krise, a. a. O., S. 109: »Diese vergleichsweise zivilisierten Formen kapitalistischer Produktion wird es bald nicht mehr geben. Der Sozialismus ist nicht nur die Alternative dazu. Er ist die einzige Alternative zu einem Abdriften der menschlichen Zivilisation in Verhältnisse, die nur mit dem Begriff der Barbarei angemessen zu umschreiben sind.«

58 Für die amerikanische Entwicklung der Arbeitskämpfe siehe Alex Carey, Taking the Risk Out of Democracy. Corporate Propaganda versus Freedom and Liberty, 1995. Zur deutschen und europäischen Tradition der Arbeiterbewegungen siehe: Jürgen Herres, Sozialismus und Kommunismus in ihrer Bedeutung für die Revolution von 1848/49, veröffentlicht in: Bernd Rill (Hg.): 1848 – Epochenjahr für Demokratie und Rechtsstaat in Deutschland, 1998 (Berichte und Studien der Hanns-Seidel-Stiftung e. V., Bd 77), S. 257–275 (http://www.juergen-herres.de/jh-marx/sozialismus_1848.html) und Peter Brandt, Die Arbeiterbewegung des 19. und 20. Jahrhunderts. Entwicklung – Wirkung – Perspektive, in: Jahrbuch für Forschungen zur Geschichte der Arbeiterbewegung, 1. Jg., Heft 2002/I (https://www.globkult.de/geschichte/entwicklungen/484-die-arbeiterbewegung-des-19-und-20-jahrhunderts-entwicklung-wirkung-perspektive)

59 Peter Brandt, a. a. O.

60 Zitiert nach Noam Chomsky, hrsg. von C. P. Otero, Chomsky on Democracy & Education, 2003, S. 29

61 Jürgen Herres, a. a. O.; Alex Carey, a. a. O.

62 Alex Carey, a. a. O., S. 24; David Montgomery, The Fall of the House of Labor: The Workplace, the State, and American Labor Activism, 1865–1925, 1987

63 Alex Carey, a. a. O., Kapitel 2 u. 3

64 Peer Heinelt, PR-Päpste. Die kontinuierlichen Karrieren von Carl Hundhausen, Albert Oeckl und Franz Ronneberger, 2003

65 So übernahmen prominente Vertreter wie Daniel Cohn-Bendit und Rudi Dutschke anarchistische Positionen, siehe: Ingrid Gilcher-Holtey: Die 68er Bewegung. Deutschland, Westeuropa, USA, 2011

66 Willy Brandt, Über Europa hinaus, 2006, S. 25 ff., 141–149, 161–177

67 Siehe das Hamburger Programm, das Grundsatzprogramm der SPD, 2007. Es gab in den letzten Jahren auch immer wieder Versuche, den Passus über einen demokratischen Sozialismus aus dem Programm zu streichen.

68 Schütt, a. a. O., S. 123

69 Schütt, a. a. O., S. 122

70 Kapital, Crash, Krise, a. a. O., S. 102

71 Kapitalismus, was tun?, a. a. O., S. 393

72 Reichtum ohne Gier, a. a. O., S. 41 f.

73 Kapital, Crash, Krise, a. a. O., S. 107

74 Andreas Renner, Die zwei Neoliberalismen. In: Fragen der Freiheit, Nr. 256, Okt./Dez. 2000

75 Reichtum ohne Gier, a. a. O., S. 296

76 Schütt, a. a. O., S. 140

77 Reichtum ohne Gier, a. a. O., S. 297–311

78 Michael Albert, Parecon. Life After Capitalism, 2003, S. 79

79 Robin Hahnel, Economic Justic and Democracy. From Competition to Cooperation, 2005, S. 173

80 Reichtum ohne Gier, a. a. O., S. 204

81 Hahnel, a. a. O., S. 26

82 Reichtum ohne Gier, a. a. O., S. 148

83 Die Verfassung (Grundgesetz) der UdSSR, 1936, Artikel 12; Karl Marx, Kritik des Gothaer Programms (1875), in: Karl Marx/Friedrich Engels – Werke, 1973, S. 13–32

84 Schütt, a. a. O., S. 139

85 Hahnel, a. a. O., S. 174

86 Reichtum ohne Gier, a. a. O., S. 298

87 Wirtschaftsmotor Mittelstand – Zahlen und Fakten zu den deutschen KMU, Broschüre des Bundesministeriums für Wirtschaft und Energie, 28. 3. 2019; https://www.bmwi.de/Redaktion/DE/Publikationen/Mittelstand/wirt-schaftsmotor-mittelstandzahlen-und-fakten-zu-den-deutschen-kmu.html

88 Reichtum ohne Gier, a. a. O., S. 304

89 Couragiert gegen den Strom, a. a. O., S. 90

90 Freiheit statt Kapitalismus, a. a. O., S. 179

91 Reichtum ohne Gier, a. a. O., S. 300

92 Freiheit statt Kapitalismus, a. a. O., S. 157. Dort heißt es: »Der Begriff ›kreative Zerstörung‹ beschreibt diesen Prozess: Das Neue setzt sich immer auch um den Preis der Zerstörung durch, der Zerstörung bereits vorhandener Kapazitäten, des Untergangs ganzer Unternehmen, ja von Massenpleiten im Zuge einer größeren Wirtschaftskrise. Aber die Zerstörung ist ›kreativ‹, weil sie die Beteiligten zur Innovation zwingt, weil sie Erfindungsgeist und Forschung anstachelt und weil sie so die Wirtschaft insgesamt produktiver und die Gesellschaft reicher macht.« Wagenknecht glaubt, dass sie diese produktive Triebfeder und Kraft kapitalistischer Märkte nutzen kann, ohne die Auswirkungen in Kauf nehmen zu müssen.

93 Reichtum ohne Gier, a. a. O., S. 298

94 Reichtum ohne Gier, a. a. O., S. 178

95 Vgl. auch Wagenknechts eigene Analyse: Reichtum ohne Gier, a. a. O., S. 182 f.

96 Reichtum ohne Gier, a. a. O., S. 180

97 Siehe u. a.: Michael M'Gehee, Free Market Capitalism and the Pentagon System, Znet, 30. 3. 2010; https://zcomm.org/znetarticle/free-market-capitalism-and-the-pentagon-system-by-donald-m-ferguson/

98 Robin Hahnel, a. a. O., S. 69 ff. Zur ineffizienten Überkonsumtion siehe auch: John Kenneth Galbraith, The Affluent Society, 1958; Juliet Schor, Do Americans Shop Too Much?, 2000

99 Robin Hahnel, a. a. O., S. 178

100 Sam Bowles, What Markets Can and Cannot Do, Challenge Magazine, Juli 1991, S. 15 f.

101 Die Aussage machte Robert Putnam auf dem jährlichen Treffen der »American Association of Political Scientists« in Chicago 1995, zitiert in der Washington Post, 3. 9. 1995

102 Thomas Weisskopf, Toward a Socialism for the Future in the Wake of the Socialism of the Past, Review of Political Economics 24, 3 und 4, 1992, S. 9

103 Reichtum ohne Gier, a. a. O., S. 300

104 Siehe Robin Hahnel, a. a. O., S. 180

105 Siehe Freiheit statt Kapitalismus, a. a. O., S. 11: »Es wird Zeit, den typischen FDPlern, die von Ökonomie nicht mehr verstehen als die auswendig gelernten Sprüche aus ihren eigenen Wahlwerbungsprospekten, entgegenzuhalten, wie Marktwirtschaft tatsächlich funktioniert. Und es wird Zeit zu zeigen, wie man, wenn man die originären marktwirtschaftlichen Ideen zu Ende denkt, direkt in den Sozialismus gelangt, einen Sozialismus allerdings, der nicht Zentralismus, sondern Leistung und Wettbewerb hochhält«.

106 Robin Hahnel, a. a. O., S. 127

107 Magnus Ryner, Neoliberal Globalization and the Crisis of the Swedish Social Democracy, in: Economic and Industrial Democracy 20, 1999, S. 39–79

108 Milica Uvalić, The rise and fall of market socialism in Yugoslavia, 27. 3. 2018; https://docresearch.org/de/2018/03/rise-fall-market-socialism-yugoslavia/

109 Laura Secor, Testaments Betrayed, Jacobin, 6. 4. 2018; https://www.jacobin-mag.com/2018/06/yugoslavia-praxis-journal-tito-marxism-socialism

110 Milica Uvalić, a. a. O.

111 Robin Hahnel, a. a. O., S. 181

112 Cheng Enfu, Grundlegende Merkmale der sozialistischen Marktwirtschaft, Marxistische Blätter, 8. 9. 2008; http://linksnet.de/artikel/23560

113 Kapital, Crash, Krise, a. a. O., S. 97

114 Über den Weg der Erkenntnis. Ein Gespräch mit Ota Šik über sein Leben anlässlich der Veröffentlichung seiner Biografie, in: Mladá fronta, Prag, Jg. 46, Nr. 178, 2. 8. 1990, S. 1 f.

115 Freiheit statt Kapitalismus, a. a. O., S. 383

116 Schütt, a. a. O., S. 139

117 David Laibman, John O'Neill, Participatory Planning through Negotiated Coordination, Science & Society, Vol. 66, Nr. 1; Pat Devine, Democracy and Economic Planning, 1988

118 Michael Albert, Robin Hahnel, The Political Economy of Participatory Economics, 1991; Michael Albert, Parecon. Life after Capitalism, 2003; Robin Hahnel, a. a. O.

119 Robin Hahnel, a. a. O., S. 187–214

120 Kapital, Crash, Krise, a. a. O., S. 107

121 Kapital, Crash, Krise, a. a. O., S. 160

122 Reichtum ohne Gier, a. a. O., S. 41

123 Kapital, Crash, Krise, a. a. O., S. 138

124 Reichtum ohne Gier, a. a. O., S. 39

125 Couragiert gegen den Strom, a. a. O., S. 80

126 Michail Bakunin, Statism and Anarchy, 1873. In: Sam Dolgoff, Bakunin on Anarchy, 1980, S. 338

127 Siehe u. a.: David Goeßmann, Wenn Regierungen lügen und Medien mitmachen, a. a. O., S. 29–46

128 Karl Marx, Friedrich Engels, Manifest der Kommunistischen Partei, in: Werke, Band 4, 1972, S. 482

129 Couragiert gegen den Strom, a. a. O., S. 70 f.

130 Zitiert im Folgenden nach: Rosa Luxemburg, Sozialreform oder Revolution?, 2. Ausgabe des Buchs, 1908; https://www.marxists.org/deutsch/archiv/luxemburg/1899/sozrefrev/

131 Rosa Luxemburg, a. a. O.

132 Rosa Luxemburg, a. a. O., erster Teil, dritter Abschnitt (»Einführung des Sozialismus durch soziale Reformen«)

133 Rosa Luxemburg, a. a. O., zweiter Teil, dritter Abschnitt (»Gewerkschaften, Genossenschaften und politische Demokratie«)

134 Rosa Luxemburg, a. a. O., erster Teil, fünfter Abschnitt (»Praktische Konsequenzen und allgemeiner Charakter des Revisionismus«)

135 Couragiert gegen den Strom, a. a. O., S. 86

136 Freiheit statt Kapitalismus, a. a. O., S. 11

137 Couragiert gegen den Strom, a. a. O., S. 94 f.

138 Siehe u. a. Noam Chomsky, World Orders Old and New, 1994

139 Schütt, a. a. O., S. 70

140 Couragiert gegen den Strom, a. a. O., S. 56

141 J. W. Goethe, Briefe. An Carl Friedrich Zelter, 6. 6. 1825

142 Walter Benjamin, Goethe, in: Gesammelte Schriften, Band II-2, 1980, S. 717

143 Walter Benjamin, a. a. O., S. 737

144 Schütt, a. a. O., S. 51 ff., S. 126

145 Schütt, a. a. O., S. 71

146 Couragiert gegen den Strom, a. a. O., S. 58

147 Schütt, a. a. O., S. 143

148 Edward Bernays, Propaganda, 1928; Edward Bernays, Engineering of Consent, 1955; Walter Lippmann, Public Opinion, 1922

149 Jakob Augstein, Volk und Wahrheit, Spiegel Online, 11. 4. 2016

150 Schütt, a. a. O., S. 37, S. 96, S. 103

151 Couragiert gegen den Strom, a. a. O., S. 64

152 »Ich habe einen Traum«, aufgezeichnet von Marc Kayser, Die Zeit, 5. 10. 2000; https://www.zeit.de/2000/41/200041_traum_wagenknech.xml/komplettansicht

153 Rosa Luxemburg, Zur russischen Revolution. In: Gesammelte Werke, Band 4, 1974, S. 363 ff. Dort heißt es: »Das Proletariat kann, wenn es die Macht ergreift, nimmermehr nach dem guten Rat Kautskys … auf die soziale Umwälzung verzichten und sich nur der Demokratie widmen, ohne an sich selbst, an der Revolution Verrat zu üben. Es soll und muß eben sofort sozialistische Maßnahmen in energischster, unnachgiebigster, rücksichtslosester Weise in Angriff nehmen, also Diktatur ausüben; aber Diktatur der KLASSE, nicht

einer Partei oder Clique, Diktatur der Klasse, d. h. in breitester Öffentlichkeit, unter tätigster ungehemmter Teilnahme der Volksmassen, in unbeschränkter Demokratie. ... Es ist die historische Aufgabe des Proletariats, wenn es zur Macht gelangt, an Stelle der bürgerlichen Demokratie sozialistische Demokratie zu schaffen, nicht jegliche Demokratie abzuschaffen.«

154 Reichtum ohne Gier, a. a. O., S. 148

155 Adam Smith, Wealth of Nations, zitiert nach der Ausgabe: MetaLibri Digital Library, 2007, S. 603; https://www.ibiblio.org/ml/libri/s/SmithA_WealthNations_p.pdf

156 Wilhelm von Humboldt, Ideen zu einem Versuch, die Grenzen der Wirksamkeit des Staats zu bestimmen, 1851, S. 19. In: Deutsches Textarchiv: http://www.deutschestextarchiv.de/humboldt_grenzen_1851/55

157 Tocqueville zitiert nach: John Manley, American Liberalism and the Democratic Dream, Policy Studies Review 10.1, 1990

158 Couragiert gegen den Strom, a. a. O., S. 104 f.

159 Schütt, a. a. O., S. 29

160 Schütt, a. a. O., S. 162

161 Kapital, Crash, Krise, a. a. O., S. 30

162 Kapital, Crash, Krise, a. a. O., S. 32

163 Kapital, Crash, Krise, a. a. O., S. 25 ff.

164 Kapital, Crash, Krise, a. a. O., S. 119

165 Sahra Wagenknecht, Menschen müssen sich wieder sicher fühlen können, Pressemitteilung von Sahra Wagenknecht, 25. 7. 2016; https://www.linksfraktion.de/presse/pressemitteilungen/detail/menschen-muessen-sich-wieder-sicher-fuehlen-koennen/

166 Stern-Interview mit Sahra Wagenknecht, Ausgabe 2/2017; siehe auch: Wagenknecht gibt Merkel Mitverantwortung für Berliner Anschlag, Stern Online, 5. 1. 2017; https://www.stern.de/politik/deutschland/stern--sahra-wagenknecht-gibt-merkel-mitverantwortung-fuerberlin-anschlag-7265304.html

167 »›Kein Grund, meine Position zu verändern‹, Linken-Fraktionschefin sieht sich durch Parteitagsbeschluss nicht gebunden«, Rhein-Neckar-Zeitung, 11. 6. 2018; https://www.rnz.de/politik/hintergrund_artikel,-sahra-wagenknecht-im-rnz-interview-kein-grund-meineposition-zu-veraendern-_arid,364713.html

168 Siehe das Pressestatement von Sahra Wagenknecht, 11. 1. 2016; https://www.youtube.com/watch?v=9OuPhrQegmY, dazu: David Goeßmann, »Der Streit ums Gastrecht – Versuch einer Klärung«, Nachdenkseiten, 14. 1. 2016; https://www.nachdenkseiten.de/?p=30204

169 David Goeßmann, Die Erfindung der bedrohten Republik, a. a. O., S. 93–179

170 Kapital, Crash, Krise, a. a. O., S. 169. Dort heißt es: »Der Sumpf, der da noch fruchtbar ist, modert also keineswegs in erster Linie in brandenburgischen Dörfern und unter verspießerten Kleinbürgern; was in Ost wie West unter den aus allen sozialen Bindungen Herausgeschleuderten entsteht, ist – in einem Amalgam von Resignation, Zukunftsangst und Aggressivität gegenüber dem noch Schwächeren – schlimmstenfalls das nutzbare Potential. Da die soziale Integration der Arbeiterklasse nicht mehr machbar ist, spricht

einiges dafür, die nationalistische wieder zu versuchen. Ob sie funktionieren wird, hängt allerdings auch und in hohem Grade von der Politik der Linken ab.«

171 Sahra Wagenknecht, »Fähren statt Kanonenboote«, Frankfurter Rundschau, 29. 5. 2015; https://www.fr.de/wirtschaft/faehren-statt-kanonenboote-11166834.html; Pressemitteilung von Sahra Wagenknecht, 18. 3. 2016, »Merkels Skandalpakt mit Erdogan verhindern«; https://www.sahra-wagenknecht.de/de/article/2306.merkels-skandalpakt-mit-erdogan-verhindern.html

172 Frontex Risk Analysis for 2019; https://frontex.europa.eu/publications/risk-analysis-for-2019-RPPmXE; zu den Effekten der Zuwanderung siehe David Goeßmann, Die Erfindung der bedrohten Republik, a. a. O., S. 297–311

173 Kapital, Crash, Krise, a. a. O., S. 113

174 »Lafontaine: Einschränkungen für Übersiedler«, Der Spiegel, 11. 12. 1989; https://www.spiegel.de/spiegel/print/d-13497032.html

175 Reichtum ohne Gier, a. a. O., S. 39

176 Reichtum ohne Gier, a. a. O., S. 32ff.

177 Reichtum ohne Gier, a. a. O., S. 28 ff.

178 Reichtum ohne Gier, a. a. O., S. 33

179 Siehe: David Goeßmann, Die Erfindung der bedrohten Republik, a. a. O.

180 »Offene Grenzen für alle – das ist weltfremd«, Interview mit Sahra Wagenknecht, Focus, 10. 2. 2018; https://www.sahra-wagenknecht.de/de/article/2713.offene-grenzen-f%c3%bcr-alle-das-ist-weltfremd.htmll. Im Focus-Interview betonte Wagenknecht, dass sich der »Kontrollverlust« von 2015 auf keinen Fall wiederholen dürfe – also der starke Zuzug von Flüchtlingen in die EU –, da er Deutschland geschädigt habe. Ohne Abschottung ist aber ein weiterer Zuzug gar nicht auszuschließen. Zudem stellt sie fest, dass den »90 Prozent der [globalen] Flüchtlinge«, die in den »Nachbarländern ihrer Heimat« sind, »nur vor Ort geholfen werden« kann, um direkt anschließend darauf zu verweisen, dass »Migration (…) die armen Länder übrigens noch ärmer« mache.

181 Siehe: David Goeßmann, Die Erfindung der bedrohten Republik, a. a. O., S. 367–387

182 Reichtum ohne Gier, a. a. O., S. 34. Dort meint Wagenknecht, durch nationale Einschränkung von Betriebsverlagerungen in Niedriglohngebiete, Zölle auf Güter, die »aufgrund niedriger Löhne und schlechter Umweltstandards europäische Produkte verdrängen« ferngehalten werden sollten von der EU, sowie durch eine »exit tax«, die den Abfluss von Vermögen aus den reichen Ländern eindämmt, die weltweite Armut zu bekämpfen. Wie damit Armut in Entwicklungsländer bekämpft werden soll, bleibt Wagenknechts Geheimnis. Solche Maßnahmen hielt Wagenknecht in den 90er Jahren sogar für schädlich für die Länder des Globalen Südens. Es müsse vielmehr darum gehen, so Wagenknecht damals, für bessere Arbeitsbedingungen in den armen Ländern zu kämpfen.

183 Reichtum ohne Gier, a. a. O., S. 37; zur Finanzierung einer Welt ohne Hunger siehe Josef Schmidhuber, Jelle Bruinsma, »Investing towards a world free

of hunger: lowering vulnerability and enhancing resilience«, in: Safeguarding food security in volatile global markets, hrsg. von Adam Prakash, 2011, S. 523 ff.; http://www.fao.org/docrep/013/i2107e/i2107e27.pdf. Siehe auch: »The world only needs 30 billion dollars a year to eradicate the scourge of hunger«, FAO Newsroom, 3. 6. 2008; http://www.fao.org/NEWSROOM/EN/news/2008/1000853/index.html

184 Zu den Kosten der Klimafinanzierung siehe: David Goeßmann, »Wir Schlafwandler: G-20 Fieberträume, Klimaretter-Halluzinationen und der allzu reale Crashkurs«, Kontext TV, 5. 7. 2017; http://www.kontext-tv.de/de/blog/wir-schlafwandler-g-20-fiebertraeume-klimaretter-halluzinationen-und-der-allzu-reale-crashkurs; David Goeßmann, Die Erfindung der bedrohten Republik, a. a. O., S. 256–258

185 Anja Ettel, Holger Zschäpitz, »Ist Merkel schuld an Flüchtlingskrise? Wer sonst?«, Die Welt, 29. 1. 2016; https://www.welt.de/wirtschaft/article151603912/Ist-Merkel-schuld-an-Fluechtlingskrise-Wersonst.html; Karl Gaulhofer, Ökonom Collier: »Wir locken junge Menschen in den Tod«, Die Presse, 19. 10. 2013; https://diepresse.com/home/wirtschaft/international/1466559/Oekonom-Collier_Wir-locken-junge-Menschen-in-den-Tod

186 Kapital, Crash, Krise, a. a. O., S. 90

187 Kapital, Crash, Krise, a. a. O., S. 109 ff.

188 Reichtum ohne Gier, a. a. O., S. 29

189 Kapital, Crash, Krise, a. a. O., S. 146

Scheindebatte Flüchtlingskrise –
Wie Politik und Medien
eine Notstandssituation inszenieren

David Goeßmann
**Die Erfindung der
bedrohten Republik**

Mit einem Vorwort
von Konstantin Wecker

464 Seiten
Klappenbroschur
18,00 €
ISBN 978-3-360-01344-6

E-Book 14,99 €
ISBN 978-3-360-50158-5

Die »Flüchtlingskrise« von 2015 war in Wahrheit der Ausgangspunkt einer gewaltigen Medien- und Politikkrise. Mit
medialen Fehldarstellungen, Verzerrungen, manipulierten
Debatten und ideologischer Einflussnahme wurden die
Deutschen in die Irre geführt.

David Goeßmann deckt in seinem investigativen Sach-
buch »Die Erfindung der bedrohten Republik« auf, wie innerhalb kurzer Zeit gegensätzliche mediale Konstruktionen
von kollektiver spontaner Humanität und einer inneren
Notstandssituation von der Politik fraglos übernommen
wurden. Am Anfang standen die Flüchtlinge – und am Ende
unsere beschädigte Demokratie.

Zur Hegelkritik des jungen Marx oder
Das Problem einer dialektisch-materialistischen
Wissenschaftsmethode

Sahra Wagenknecht
Vom Kopf auf die Füße?

224 Seiten
brosch.
19,90 €
ISBN 978-3-359-02532-0

E-Book 15,99 €
ISBN 978-3-359-51000-0

In den 90er Jahren kaum beachtet, gibt Wagenknecht mit ihrer Magisterarbeit sehr weiträumig die Linie einer politisch eingreifenden Philosophie im Anschluss an einen Marx vor, der sich Hegel dann hart erarbeitet, anverwandelt und ihn aufgehoben hat. Der praktisch-politische wie epistemologische Wert dieser nur auf den ersten Blick rein akademischen Publikation insbesondere für eine theoretisch chronisch unterbelichtete LINKE ist gar nicht zu überschätzen.

Verlag Das Neue Berlin –
eine Marke der Eulenspiegel Verlagsgruppe Buchverlage

ISBN 978-3-360-01349-1

1. Auflage 2019

Umschlaggestaltung: Verlag, Peter Tiefmann
unter Verwendung eines Fotos von Robert Allertz
Druck und Bindung: buchdruckerei.de, Berlin

www.eulenspiegel.com